Du brauchst nur einen Trend!

Finde den einen Markt, der dich reich macht

Harry Kaiser

Impressum

© 2016 Harry Kaiser

Das Werk einschließlich aller Inhalte ist urheberrechtlich geschützt. Alle Rechte vorbehalten. Nachdruck oder Reproduktion (auch auszugsweise) in irgendeiner Form (Druck, Fotokopie oder anderes Verfahren) sowie die Einspeicherung, Verarbeitung, Vervielfältigung und Verbreitung mit Hilfe elektronischer Systeme jeglicher Art, gesamt oder auszugsweise, ist ohne ausdrückliche schriftliche Genehmigung des Verlages untersagt. Alle Übersetzungsrechte vorbehalten.

Die Benutzung dieses Buches und die Umsetzung der darin enthaltenen Informationen erfolgt ausdrücklich auf eigenes Risiko. Das Werk inklusive aller Inhalte wurde unter größter Sorgfalt erarbeitet. Dennoch können Druckfehler und Falschinformationen nicht vollständig ausgeschlossen werden. Der Autor übernimmt keine Haftung für die Aktualität, Richtigkeit und Vollständigkeit der Inhalte des Buches, ebenso nicht für Druckfehler. Es kann keine juristische Verantwortung sowie Haftung in irgendeiner Form für fehlerhafte Angaben und daraus entstandenen Folgen vom Autor übernommen werden. Für die Inhalte von den in diesem Buch abgedruckten Internetseiten sind ausschließlich die Betreiber der jeweiligen Internetseiten verantwortlich.

1. Auflage 2016

Alle Rechte vorbehalten

Published in Switzerland 2016

Inhaltsverzeichnis

1. Du brauchst nur einen Trend! 1
2. Warum niemand über die langzeit-Trends an der Börse spricht? 6
3. Die großen Trends der letzten Jahre 11
4. Wo finde ich die großen Trends? 20
5. Kaufen Sie keine Aktien! 24
6. Günstig - teuer 30
7. Der Schmerz muss erst raus 34
8. Was heißt hier Tief? 44
9. Wie steige ich nun ein? 47
10. Und wie steige ich aus? 59
11. Mit welchen Instrumenten handele ich? 69
12. Sollte ich gehebelte ETFs in Betracht ziehen? 75
13. Wie viele Positionen sollte ich gleichzeitig halten? . 82
14. Sollte ich Leerverkäufe tätigen? 84
15. Sollte ich mich auch mit den Fundamentaldaten beschäftigen? 87
16. Weniger ist mehr 92
Glossar 93
Hilfreiche Websites 97
Über den Autor 98

1.Du brauchst nur einen Trend!

Sie brauchen nur einen einzigen guten Trend um an der Börse ein Vermögen zu verdienen. Einen Einzigen. Diesen Trend finden Sie aber nur dann, wenn Sie sich entfernen vom täglichen Börsengeschäft und eine Langzeit-Perspektive einnehmen. Die richtigen großen Trends an der Börse geschehen nicht über Nacht. Sie brauchen Zeit um sich zu entwickeln. Manche Trends dauern sogar Jahrzehnte wie zum Beispiel die Zinskurve der amerikanischen Staatsanleihen. (Diese zeigt seit dem Hoch Anfang der achtziger Jahre nach unten, und ein Ende ist nicht abzusehen).

Nun müssen Sie gar nicht so lange warten um an guten Trends partizipieren zu können. Ziel dieses Buches ist es, Ihnen für die interessanten Langzeit-Trends an der Börse fit zu machen. Ich werde Ihnen einige Beispiele von Trends aus den letzten zehn Jahren zeigen, an denen ich selbst kräftig mitverdient habe. Ich verrate Ihnen, wie Sie sie finden und wie Sie ohne großen Aufwand daran partizipieren können.

Zunächst müssen Sie lernen, das Tagesgeschäft, das Hin und Her der Kurse, zu vergessen. Die Aufgeregtheit, die die Medien tagtäglich produzieren, lenken Sie davon ab, das Wesentliche zu sehen: nämlich die wirklich großen Bewegungen, die an den Finanzmärkten stattfinden. Wenn Sie aber Geld verdienen wollen an der Börse, sollten Sie sich genau für diese großen Trends interessieren. Überlassen Sie den Kleinkram getrost den Daytradern und Kurzfristspekulanten. Ich kenne im Übrigen keinen von denen, die wirklich dauerhaft Geld verdient haben. Es mag Ausnahmen geben. Fakt ist aber, dass die meisten, die sich mit Trading oder Kurzzeitspekulationen abgeben, nie reich werden.

<u>Reich werden Sie an der Börse mit Geduld</u>. Ziel eines jeden Börsenminimalisten sollte es sein sich nicht mehr als einmal im Monat mit der Börse zu beschäftigen. Ein oder zwei

Stunden dürften reichen. Und am besten schauen Sie nicht allzu oft hin. Das ist sicher im Zeitalter der Smartphones und der allgegenwärtigen Präsenz von Realtime-Kursen eine Herausforderung. Nachdem die amerikanischen Aktien und in deren Schatten die deutschen Aktien im Frühjahr 2009 ein Tief gebildet hatten, fingen sie an zu steigen. Jetzt, wo ich dies schreibe, sind wir sieben Jahre weiter. Die amerikanischen Aktien steigen immer noch. Und was ist dazwischen nicht alles passiert? Eurokrise, Bankenkrise, Brexit. Sie können es nicht verrückt genug erfinden. Wie oft wurde in diesen sieben Jahren nicht einen neuen Crash am Aktienmarkt prophezeit? Er blieb einfach aus, und die Aktienmärkte stiegen weiter. Sicher, eines Tages ist auch dieser Trend zu Ende. Diejenigen, die aber seit 2009 gekauft hatten, wurden von den Medien ununterbrochen in die Irre geführt. Es braucht also ein ganz schönes Stückchen Selbstvertrauen, um sich davon zu distanzieren.

Wenn Sie an die Börse gehen, dann sollte es sich auch lohnen. „Wenn Schweinefleisch, dann sollte es auch triefen", pflegte der Altmeister André Kostolany schon zu sagen, an dem sich alle heutigen Spekulanten ein Beispiel nehmen können. Kostolany war sogar radikaler als ich. Er hat den Anlegern empfohlen, Schlaftabletten zu nehmen, nachdem man Aktie XYZ gekauft hatte und dann zwei-drei Jahre deren Kurse nicht mehr anzuschauen. Ich denke, hätte Kostolany unsere Smartphone-Gesellschaft noch erlebt, er hätte uns alle für verrückt erklärt. Gerade die Sucht, mehrmals am Tag die Börsenkurse zu studieren, vernebelt die Sicht auf das „Big Picture", das ganz große Bild. Dieses sollten Sie im Auge haben und nicht das Zigzag der Charts.

Apropos Charts. Natürlich studiere auch ich gerne Charts und mache meine Kaufentscheidungen oft auf Basis von einem Vergleich zwischen den heutigen und den historischen Kursen. Ich schaue aber selten oder nie auf Tagescharts, sondern besorge mir Wochen- und am liebsten Monatscharts, die mir den Kursverlauf der letzten 10 oder gar 20 Jahre liefern. Wenn Sie Monatscharts benutzen, brauchen Sie eben nur einmal im Monat auf sie zu schauen, denn jede Veränderung im Chartbild ist nur nach Abschluss eines ganzen Monats sichtbar. Ein richtiger Spekulant versucht mit einem Minimum an Einsatz ein Maximum an Ertrag zu erwirtschaften, und das geht nur mit einer Langzeitperspektive. Wenn Sie eine solche Perspektive einnehmen, dann fangen Sie wirklich an, Dinge zu sehen, die den meisten Anlegern entgehen.

2. Warum niemand über die langzeit-Trends an der Börse spricht?

Ist Ihnen vielleicht schon mal aufgefallen, dass fast niemand über diese Lang-Zeit-Trends an der Börse spricht. Sie werden in Ihrer Zeitung wenig darüber lesen können und im Internet müssen Sie schon mit der Lupe suchen, um eine Seite zu finden, die sich explizit damit beschäftigt. Warum ist das so?

Es mag mehrere Gründe geben, aber ich möchte einige davon aufzählen. **Erstens:** Langzeit-Trends dauern lange, mitunter Jahre. Es braucht also Zeit, damit sie sich entwickeln können, und wer hat heute schon diese Geduld? Das kurzfristige Tagesgeschehen ist natürlich viel aufregender und spannender um darüber zu schreiben. Wenn sie einmal einen guten Trend identifiziert haben, dann müssen Sie eben nicht jeden Tag wiederholen: der Trend ist da!

Zweitens lassen sich mit der Propagierung von Lang-Zeit-Trends kein Geld verdienen.

Alle Börsenbriefschreiber müssen sich mindestens einmal im Monat, manche sogar einmal pro Woche einfallen lassen, welche Aktie oder welchen heissen Markt sie ihren Lesern diesmal empfehlen werden. Der Rat, kaufen Sie Gold und lassen sie es zehn Jahre in Ihrem Depot liegen mag zwar richtig sein, aber das müssen Sie eben nicht jede Woche wiederholen.

Drittens kein Broker ist an der Propagierung von Langzeit-Trends interessiert, denn es schadet seinem Geschäft. Stellen Sie sich vor, ein Anleger kaufte vor 15 Jahren die Aktie von Apple, weil er das Unternehmen gut findet und macht dann 15 Jahre nichts in seinem Depot. Die Aktien liegen da einfach drin und Ihr Wert steigt von Jahr zu Jahr. Der Anleger wird von Jahr zu Jahr ein Stückchen reicher, aber der Broker hat nichts davon. Er hat nur etwas davon, wenn der Anleger handelt, das heiß Transaktionen durchführt. Der Broker hat beim Kauf der Aktie ein Paar Dollar verdient und am Ende, wenn der Anleger seine Stücke veräußert. Der Anleger selber hat vielleicht eine Million verdient. Dazwischen liegen 15 Jahren, in denen der Broker nichts verdient hat. Er hat sogar Arbeit, denn er muss dem glücklichen Anleger jährlich einen Depot-Auszug bereitstellen.

Die ganze Börsen-Industrie ist also mitnichten daran interessiert, dass Sie auf Langzeit-Trends setzen. Es wäre für sie höchst kontraproduktiv, denn wenn alle Anleger dies tun würden, könnten sie ihren Laden gleich schließen. Es ist weder für Broker, noch für Börsenbriefschreiber, Betreiber von Webseiten oder Börsenmagazinen klug über investieren in Langzeit-Trends zu schreiben, denn wenn die Anleger tatsächlich diesen Rat zu Herzen nehmen würden, könnten sie ihre Tätigkeit einstellen.

Ich hoffe, Sie begreifen das und sehen, dass Sie eine gehörige Portion Abstand zu diesem ganzen Klimperkasten nehmen sollten, wenn Sie zu dem exklusiven Club derjenigen gehören wollen, die wirklich Geld an der Börse verdienen. Wenn Sie sich vielleicht ein wenig in Ihrem Bekanntenkreis umhören, werden Sie in der Regel folgende Geschichte hören: ja, ich war auch mal an der Börse, Ende der neunziger Jahre, zu Zeiten der Dotcom Blase. Ich hatte damals etwas Geld, habe das meiste davon verloren. Mich kriegt keiner mehr an die Börse.

Diese Geschichte hat sich damals tausendfach wiederholt und jetzt, nach mehr als 16 Jahren reden diese Leute immer noch darüber und machen jedem, der es hören will, deutlich, dass es an der Börse nur Gauner und Diebe gibt, die nur auf eines aus sind: dein Geld.

Was diese Leute natürlich nicht erzählen ist, dass sie damals genau auf besagte Börsenbriefschreiber, Magazine, Fernsehberichte und Marktschreier gehört haben, vor denen ich hier warne. Genau diese Börsen-Industrie hat all diese kleinen Leute damals in die bereits völlig überteuerten Internetaktien getrieben. Und die Leute in ihrer Gier haben willig zugegriffen. Sie haben sich natürlich nicht informiert, wie man an der Börse wirklich Geld verdient, nämlich indem man Dinge kauft, die günstig sind, um sie später teuer zu verkaufen. Ganz im Gegenteil: das große Publikum wird erst dann von der ganzen „Fachpresse" an die Börse eingeladen, wenn alles teuer geworden ist und keiner der professionellen Marktteilnehmer noch kaufen will. Dann kommen irgendwann die Taxifahrer, die Kellner, die Zimmermädchen und die Krankenschwester. Denn an wen sollten die Profis ihre teuren Stücke sonst verkaufen können, wenn nicht an die, die davon wenig Ahnung haben und glauben, es wird noch weiter nach oben gehen?

Um Ihnen in diesem Dschungel ein wenig zur Seite zu stehen, habe ich dieses Buch geschrieben. Es soll ein Wegweiser sein für diejenigen, die wirklich Geld verdienen wollen an der Börse und zwar eine Menge. Schauen wir uns von daher erst einige Beispiele von Trends an, an denen in den letzten Jahren manch schlauer Anleger richtig Geld verdient hat und es sogar immer noch tut. Bald werden hoffentlich auch Sie zu dieser ausgewählten Gruppe gehören.

3. Die großen Trends der letzten Jahre

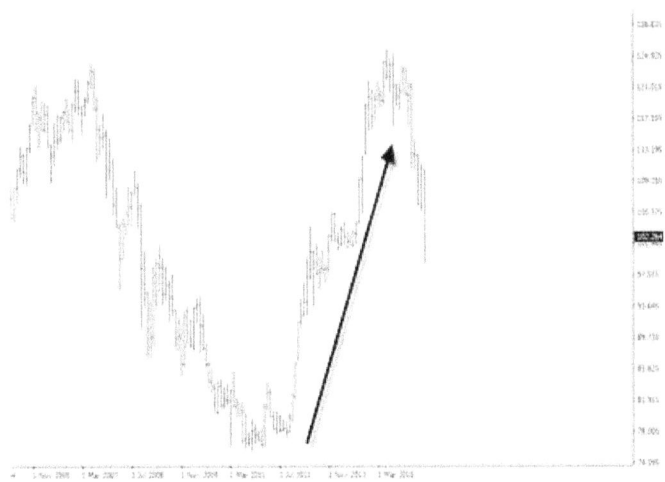

Bild 1: Japanischer Yen, Monatschart 2005-2016

Bild 1 zeigt den Kursverlauf des Währungsverhältnisses **USD/JPY** (US-Dollar – Japanischer Yen). Der Pfeil zeigt den Anstieg der im November 2012 begann und im Januar 2015 endete. Ende 2012 mussten die Japaner ca. 80 Yen für einen Dollar zahlen. Anfang 2015 waren es bereits 124. Dieser Anstieg von 44 Yen bedeutete eine gewaltige

Abwertung der japanischen Währung gegenüber dem Dollar. Der Markt hat dafür 3 Jahre gebraucht. Die Anleger hatten also reiflich Zeit, sich einen Einstieg zu überlegen. Im Grunde war es egal, wo Sie gekauft hätten in dieser Zeit. Entscheidend war eine Position zu haben um an dieser Bewegung zu partizipieren. Es gibt Anleger, die in diesem Markt ein Vermögen verdient haben. Der bekannteste ist wohl der Hedgefonds-Manager George Soros, der tatsächlich am Tief gekauft hat und dann bei ca. 92 Yen wieder verkauft hat. Zu früh, könnte man sagen. Immerhin hat er mit diesem Trade eine Milliarde Dollar verdient.

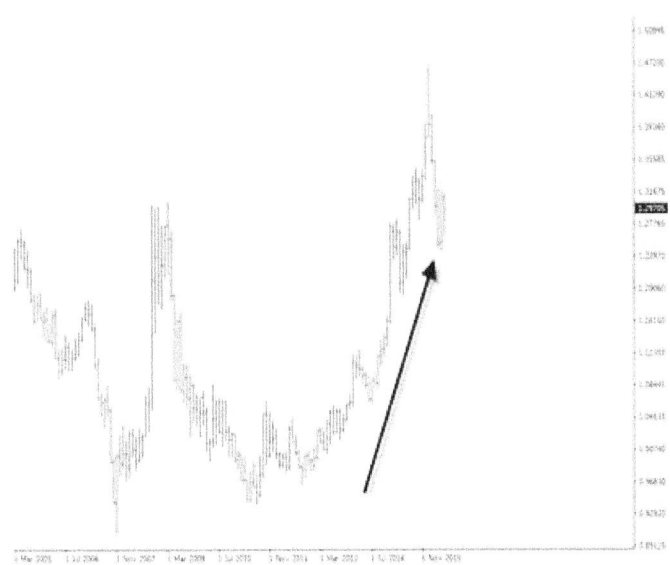

Bild 2: Kanadischer Dollar, Monatschart 2005-2016

Die zweite Währung, die gegenüber dem US Dollar abgewertet hat ist der Kanadische Dollar. In 2011 lag das Verhältnis in etwa um die Parität. Das heißt, die Kanadier bekamen für einen Kanadischen Dollar in etwa einen US Dollar und umgekehrt. Dies hat sich in den letzten 5 Jahren aber stark geändert. Im Augenblick des Screenshots (Juni 2016) mussten die Kanadier bereits knapp 1,30

Kanadische Dollar für einen US Dollar zahlen. Also auch hier war der US Dollar der Gewinner. An diesem Trend haben einige Anleger ein Vermögen verdient, indem sie einfach den US Dollar gekauft und gleichzeitig den Kanadischen Dollar verkauft haben.

Die Tendenz der Dollar-Stärke zieht sich im Übrigen durch fast alle Währungen hindurch. Auch der Euro und der australischer Dollar hat gegenüber dem Greenback Feder lassen müssen. Der Dollar ist von daher eine der wichtigste Indikatoren, der jeder Börsenspekulant im Auge behalten sollte.

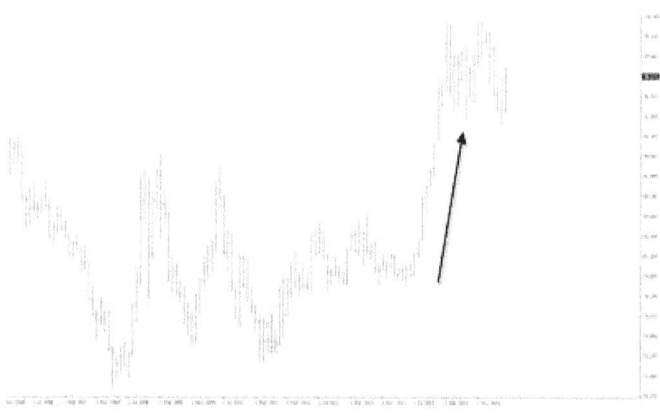

Bild 3: Dollar-Index, Monatschart 2005-2016

Wenn Sie wissen wollen, wie es mit dem Dollar steht, brauchen Sie lediglich einen Blick auf den Monatschart des Dollar-Index zu werfen (Bild 3). Auch hier ist eine Aufwärtsbewegung zu sehen (Pfeil), der allerdings in 2014 stattfand, also etwas später als im USD/JPY und im USD/CAD. Was ist der Dollar-Index? Es ist eine Kennzahl, welche den Wert des US-Dollars mittels eines Währungskorbs aus sechs Währungen vergleicht. Diese Währungen sind aktuell: Euro, Japanischer Yen, Britisches Pfund, Kanadischer Dollar, Schwedische Krone, Schweizer Franken.

Die Gewichtung dieser sechs Währungen im Korb ist allerdings sehr verschieden. Während der Schweizer Franken lediglich eine Gewichtung von 3,6% im Korb hat, entfallen auf den Euro 57,6 %. Wenn sich der Schweizer Franken in irgendeine Richtung bewegt hat dies demnach viel geringere Folgen für den Dollar-Index als wenn sich der Euro bewegt. Deswegen schauen wir uns auch das Währungsverhältnis EUR/USD an.

Bild 4: EUR/USD, Monatschart 2005-2016

Im Gegensatz zum steigenden US Dollar hat der Euro 2014 stark abgewertet. Wenn Amerikaner Anfang 2014 noch 1,37 US Dollar für einen Euro bezahlen mussten, so war dies ein Jahr später lediglich 1,06. Also auch hier gab es eine ordentliche Aufwertung des US Dollars und eine Abwertung des Euro. Wenn Sie diesen Chart mit dem obigen vom Dollar-

Index vergleichen, werden Sie feststellen, dass sie sich fast spiegelbildlich zueinander verhalten. Da zeigt sich natürlich die überdimensionale Gewichtung des Euro im Dollar-Index. Es spricht für sich, dass diese eine starke gegenseitige Abhängigkeit entspricht. Auch an der Abwertung des Euro gegenüber dem Dollar haben in den letzten Jahren manche schlaue Anleger gut verdient.

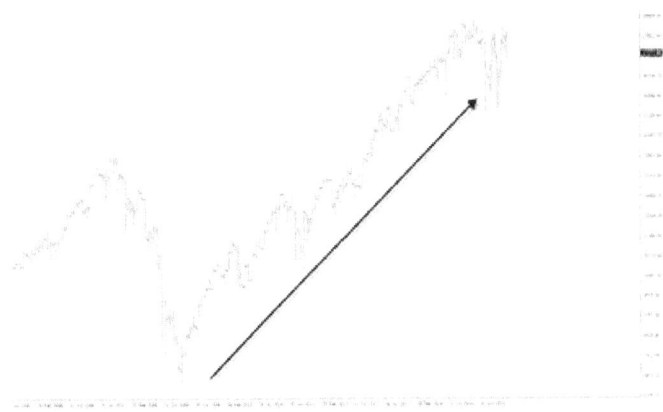

Bild 5: Dow Jones Industrials, Monatschart 2005-2016

In diesem Markt ist eine ganze Generation an Anlegern reich geworden. Gemeint ist der gewaltige Bullenmarkt in den amerikanischen Aktien seit 2009. Der Monatschart des amerikanischen Index <u>Dow Jones Industrials</u> zeigt diese Aufwärtsbewegung anschaulich. Vom Tief im März 2009 bei 6469 bis zum Hoch im Mai 2015 bei 18351 hat sich der Dow Jones fast verdreifacht. Sage noch einer, es gäbe keine guten Trends an den Finanzmärkten.

Diese Beispiele stehen stellvertretend für viele Trends, die Sie immer wieder beobachten können, vorausgesetzt, Sie nehmen eine Perspektive ein, wie es ein Adler tun würde, wenn er unsere Welt betrachtet. Ein Adler schaut sich unsere Welt aus einer gewissen Höhe an, zwar sieht er scharf und kann Details ganz genau wahrnehmen, aber seine perspektive ist eine, die auf eine gewisse Distanz das Ganze überschauen kann.

Genauso sollten Sie es machen und sich nicht vom Tagesgeschehen ablenken lassen.

Deswegen benutze ich Monatscharts, wenn ich Märkte studiere, weil nur diese mir die wirklich großen Trends anzeigen. Sobald Sie kleinere Zeiteinheiten wählen wie Wochencharts oder gar Tagescharts werden Sie zu viele Zufallsbewegungen entdecken, die Sie zum Zweifeln bringen. Genau das sollte nicht geschehen. Lassen Sie sich nicht von temporären Gegenbewegungen aus der Ruhe bringen. Diese wird es immer geben.

4. Wo finde ich die großen Trends?

Um die großen Trends an den Finanzmärkten aufzuspüren sollten Sie natürlich wissen, wo Sie diese finden können, um an ihnen partizipieren zu können. Bevor Sie überhaupt mit anlegen oder spekulieren beginnen, müssen Sie zunächst erst mal **ein guter Beobachter werden**. Ein guter Beobachter hat sich eine Liste der wichtigsten Finanzmärkte zusammengestellt und beobachtet die Entwicklung dieser Märkte regelmäßig. Mit regelmäßig meinen wir hier eben nicht täglich sondern höchstens einmal die Woche, besser noch einmal im Monat, da wir mit Monatschart arbeiten. Das reicht voll aus.

Wenn Sie selber nicht über einen Chartdienst verfügen, finden Sie eine gute Übersicht der wichtigsten Finanzmärkte auf der amerikanischen Seite: www.barchart.com. Auf dieser Seite finden Sie historischen Kurse und Charts der meisten hier besprochenen

Märkte. Da diese Seite frei ist, dürfen Sie natürlich keine professionellen Charts erwarten, aber im Grunde genommen brauchen Sie diese auch nicht wirklich, wenn Sie vorhaben, Positionen auf längerer Sicht zu halten. Entscheidend ist, dass Sie eine Übersicht finden, in denen die wichtigsten Märkte aufgelistet sind.

Welchen Märkten sollten Sie folgen?

Aktienindizes:

Europa: Stoxx50, DAX, MDAX, TECDAX, FTSE100, CAC40, SMI, ATX, OMX FTSE MIB

Amerika: Dow Jones, SP500, Nasdaq100

Asien: Hang Seng, Shanghai Composite, Nikkei 225, Jakarta Composite, Seoul Composite, Taiwan Weighted

Anleihen/Bondmärkte

Europa: Bund Future, BOBL Future, Schatz Future, Umlaufrendite

Amerika: 30 Year Bond, 10 Year Note, 5 Year Note

Devisen

Majors: EUR/USD, GBP/USD, USD/CHF, USD/JPY, USD/CAD, AUD/USD, NZD/USD

Cross Rates: EUR/JPY, EUR/CHF, EUR/CAD, EUR/AUD, EUR/GBP, EUR/NZD

GBP/CHF; GBP/CAD, GBPAUD, GBP/NZD

Rohstoffe

Energie: Brent Crude, WTI, Natural Gas,

Edelmetalle: Gold, Silber, Platinum Palladium

Industriemetalle: US Kupfer

Softs: Baumwolle, Kaffee, Kakao, Orangensaft, Zucker

Diese Liste ist keineswegs vollständig. Es fehlen zum Beispiel die Osteuropäische Aktienmärkte, die manchmal sehr interessante Trends aufweisen oder auch Süd-Amerikanische Indizes und Währungen wie der Brasilianische Real oder der Mexikanische Peso. Jeder Anleger sollte seine Liste der Märkte zusammenstellen, denen er regelmäßig folgen möchte. Meine Liste kann von daher nur als Beispiel dienen, obwohl sie sicher die wichtigsten Indizes beinhaltet. Sie sollten darauf achtgeben, dass Ihre Liste nicht ausufert. Auch hier gilt die Devise: weniger ist mehr!

5. Kaufen Sie keine Aktien!

Es wird dem aufmerksamen Leser bestimmt aufgefallen sein, dass es keine Aktie in meiner Liste gibt. Ich möchte hier nicht falsch verstanden werden. Aktien können eine sehr gute Anlage sein. Das oben genannte Beispiel des Anlegers, der vor 15 Jahren die Aktie von Apple gekauft und dann nicht mehr angerührt hatte, müsste meine Entscheidung, keine Aktien zu handeln doch widersprechen.

Nur, wie viele Menschen kennen Sie, die Apple vor 15 Jahren gekauft haben und seitdem nicht mehr angerührt? Bestimmt nicht viele. Ich zumindest kenne keinen, der dieses Kunststückchen geschafft hat. Denn mit einer Aktie wie Apple konnte man tatsächlich mit einem kleinen Einsatz (zum Beispiel 10.000 Euro) Millionär werden. Das spricht doch gerade für Aktien, könnte man sagen. Die Frage lautet nun doch: kennen Sie die nächste Apple? Ich nicht.

Bestimmt gibt es da draußen Unternehmen, von denen man in 5 oder 10 Jahren wird sagen können, hätte ich damals doch die Aktie dieses Unternehmens gekauft, dann wäre ich heute reich. Hätte, könnte und sollte sind bekanntlich die teuersten Wörter an der Börse. Fakt ist, dass niemand weiß, welches der mehr als 50.000 gelisteten Aktien weltweit die nächste Apple sein wird.

Jetzt gibt es Börsenbriefschreiber, die behaupten, sie wüssten es. Und gewiss gibt es hin und wieder tatsächlich einen guten Tipp, den Sie von diesen Leuten erhalten werden. Nur auch hier haben Sie das Problem, dass sie dann alle „Tipps" dieser Herren kaufen müssen, in der Hoffnung dass einer von denen tatsächlich das begehrte Juwel sein wird, die aus Ihnen ein frühzeitiger Rentner machen wird. Und die Frage ist natürlich, ob Sie sich all diese Tipps leisten können und ob am Ende des Tages außer dem Juwel zu viele hässliche Enten dabei waren, die die ganzen Gewinne des Juwels zunichtemachen.

Es gibt aber noch einen ganz anderen Grund, weshalb ich nie Aktien kaufe und ausschließlich „generelle Märkte" wie Indizes, Währungen oder Rohstoffe handle. **<u>Ein Markt kann nicht Pleite gehen</u>**. Haben Sie jemals davon gehört, dass der Ölmarkt Pleite gegangen ist? Zwar ist der Ölpreis immer wieder tief gefallen, aber das waren für mich genau die außerordentlichen Chancen, von denen wir weiter im Buch reden werden. Pleite ist der Ölmarkt dafür noch lange nicht. Ganz im Gegenteil, er hat sich jederzeit prächtig erholt und ich konnte mit meiner Methode hohe Gewinne einstreichen.

Im Gegensatz zu allgemeinen Märkten kann ein Unternehmen sehr wohl Pleite gehen. Schon mal von Enron gehört? Und es gibt auch genug Aktien von Unternehmen, die nicht Pleite gegangen sind, die sich aber nach 15 Jahren immer noch nicht von irgendeinem Ereignis erholt haben wie zum Beispiel die Aktie der Deutschen Telekom. Wie viele Anleger haben sich beim Börsengang wieder mal von den Börsenbriefschreibern und

Marktschreiern verführen lassen und die T-Aktie zu Höchstpreisen gekauft. Danach ist das Papier in die Tiefe gestürzt und hat 90 % Ihres Wertes verloren. Seitdem (nach mehr als 16 Jahren) hat sich die Aktie nie wieder von diesem Sturz erholt. Und deswegen gibt es tausende Kleinanleger, die immer noch diesen Rohrkrepierer im Depot haben.

In diesen 16 Jahren hat sich aber der Ölpreis gleich vier Mal auf und ab zwischen und Hoch und Tief bewegt. Das heißt, hier konnte ein Anleger gleich vier Mal kräftig mitverdienen ohne Angst haben zu müssen, dass der Ölpreis vielleicht Pleite geht. Gewiss, auch wenn ein Markt „tief" steht, heißt das noch lange nicht, dass es nicht noch tiefer gehen kann. Ein gutes Beispiel für einen solchen endlos fallenden Markt ist die Umlaufrendite. Das ist die durchschnittliche Rendite aller im Umlauf befindlichen festverzinslichen Wertpapiere mit einer Restlaufzeit von 3 bis 30 Jahren. Das sind also vor allem Staatsanleihen. Seit über 30 Jahren geht es hier langsam aber stetig nach unten.

Unzählige Anleger haben sich hier bereits eine blutige Nase geholt, weil sie glaubten, dass jetzt das Tief erreicht wäre. Gerade als die Rendite sämtlicher Anleihen in den negativen Bereich überging, meinten manche. Weiter nach unten kann es nicht gehen! Denn niemand würde dem Staat auch noch zusätzliches Geld (negativer Zins) bezahlen wollen, damit man ihm Geld zur Verfügung stellt. Aber genau das passiert zu Zeit. Gerade institutionelle Anleger (Banken, Versicherungen, Pensionsfonds) kaufen diese Papiere, obwohl sie „garantiert" damit Geld verlieren werden. Warum tun sie das? Sie tun es, weil sie „von Gesetzes wegen" müssen. Praktisch für den Staat nicht wahr?

Wie Sie solche Fallen vermeiden, werden wir im Kapitel „Bodenbildung" besprechen. Sobald Sie an die Börse gehen, gehen Sie eben „ins Risiko." Es sollte von daher immer „Risikokapital" sein, mit dem Sie an der Börse operieren. Anders gesagt: es sollte Geld sein, auf das Sie zur Not verzichten können. Das ist wichtig zu betonen, denn obwohl ich mit meiner Methode sämtlich denkbare Risiken zu vermeiden versuche oder schon gar nicht eingehe (wie zum Beispiel mein Verzicht auf Aktien), sind Verluste nie auszuschließen.

Es gibt dennoch einige Grundregel, die von allen erfolgreichen Investoren und Spekulanten aller Zeiten gefolgt wurden, und Sie finden sie in diesen Buch.

6. Günstig - teuer

Es ist vielleicht etwas aus der Mode gekommen so zu denken, aber wenn Sie Geld verdienen wollen, müssen Sie irgendwo etwas günstig einkaufen, um es später an einer anderen Stelle zu einem höheren Preis zu verkaufen. Die Differenz ist dann Ihr Gewinn.

So einleuchtend diese Grund-Maxime des Wirtschaftens klingt, so wenig wird sie von den meisten Anlegern respektiert. Meistens passiert geradezu das krasse Gegenteil. Erst, wenn etwas ganz teuer geworden ist, kommt das große Publikum. Sie brauchen sich nur an der Internet-Blase der neunziger Jahre zu erinnern um zu verstehen, was ich meine. Als damals die Aktienmärkte, und insbesondere die Technologie-Werte galaktische Preise und Werte erreichten, war Börse auf einmal „in" und jeder ging in Aktien. Das Ergebnis dieser Manie kennen wir nur zu gut. Die meisten Anleger mussten, als die Blase platzte, herbe Verluste einstecken und kehrten nie an den Aktienmarkt zurück.

Als aber nach der Finanzkrise 2008 alle Aktien in den Keller lagen und man sie für Spottpreise bekommen konnte, wollte sie keiner haben (außer natürlich einige gewiefte Anleger und hoffentlich auch Sie lieber Leser nach dem nächsten Crash). Dieser Moment war im Frühjahr 2009 gekommen, als die wichtigsten Aktien-Indizes wie Dow Jones, Nasdaq aber auch der DAX am Boden lagen. Das ist natürlich genau die Zeit, wo Sie in allen Zeitungen und in der sogenannten Spezialpresse lesen werden: Finger weg von Aktien!

Und dabei sind wir bei der größten Herausforderung des erfolgreichen Investierens angekommen: Sie werden lernen müssen zu kaufen, wenn alle Angst haben. Es klingt so einleuchtend, wenn man es liest, aber jeder weiß, wie schwer es ist dieser Grundmaxime des Geldverdienens an der Börse zu folgen. Sie werden also lernen müssen einen Markt zu kaufen, der voll am Boden liegt, für den sich niemand interessiert, oder schlimmer für den Sie jeder warnt. Diese Fähigkeit setzt natürlich einen kühlen Kopf voraus. Außerdem sollten Sie in der Lage sein, die Meinung der anderen zu ignorieren, vor allem die Meinungen der Presse oder des Internets. Können Sie das?

Ich gebe hier gerne zu, dass auch ich Jahre gebraucht habe, um genau dies zu tun. Ich gehörte selber zu denen, die anfangs gekauft haben, als alle Welt nach Aktien schrie und die Bewertungen in den Himmel schossen. Ich wollte dabei sein! Und hier beginnt schon der größte Fehler: dabei sein zu wollen. Wenn Sie das machen, was die Massen machen, werden Sie das erhalten, was die Massen bekommen: nämlich nichts.

Wenn Sie Geld an der Börse verdienen wollen, und zwar richtig Geld, müssen Sie erst eine unabhängiger Denker und Beobachter werden. Das verlangt Kraft und Energie, denn Sie stellen sich somit gegen den Mainstream. Oft ist es sogar lohnenswert genau das Gegenteil zu tun, was in den Medien verkündet wird. Seien Sie also auf der Hut! Damit Sie ein unabhängiger

Beobachter und Denker werden können, brauchen Sie eine Methode um dies erfolgreich zu tun. Darüber soll es in den folgenden Kapiteln gehen.

7. Der Schmerz muss erst raus

Nach einem Crash können Sie natürlich gleich kaufen, aber oft werden Sie damit wenig Freude erleben. Nicht so sehr, weil es noch tiefer geht, und Ihre Position im Verlust steht (das kann natürlich auch), aber meist passiert erst etwas ganz anderes. Wenn Sie Charts von Märkten studieren, die ordentlich Prügel bekommen haben, werden Sie oft sehen, dass diese eine lange Zeit am Boden liegen und seitwärts gehen. Diese Seitwärtsphase kann ruhig verlaufen, sie kann aber auch volatil von statten gehen, aber es ist eine Seitwärtsphase. Chartanalytiker sagen: der Markt bildet einen Boden aus. Das Bild ist gut erfunden, denn der Markt bildet tatsächlich eine Art Boden, als müsste er erst die Tiefe mehrmals ausloten um herauszufinden, ob er festen Boden unter den Füssen hat.

Warum geschieht dies?

Alle Anleger die eine Kaufposition in einem fallenden Markt haben, stehen vor der Frage, ob sie ihre Papiere behalten sollen (die Schwächephase aussitzen) oder ob sie das Handtuch werfen und aussteigen. Der Ausstieg bedeutet natürlich Verlust, in manchen Fällen sehr hohe Verluste, und da überlegt sich schon mancher, ob dies eine schlaue Entscheidung ist. Niemand verliert gerne Geld.

Je länger und tiefer ein Markt fällt, desto drängender stellt sich diese Frage natürlich, denn die Verluste werden von Tag zu Tag höher. Der genervte Anleger grübelt und schaut mit Argwohn auf die fallenden Preise. Natürlich hofft er, dass heute der letzte Tag seines Martyriums ist, aber je tiefer die Kurse in die Tiefe purzeln desto größer wird sein Schmerz. Schmerzen an der Börse ist etwas ganz Schlimmes. Wer das schon mal erlebt hat, weiß worüber ich spreche. Es ist eine echte Zwickmühle. Du weißt, so lange du deine Papiere nicht verkaufst, handelt es sich nur um Buchverluste. Theoretisch könntest du das alles „aussitzen", wie es so schön heißt. Aber in der Praxis ist das ein kaum zu ertragender Zustand. Es ist keineswegs garantiert, dass Sie die Kurse, an denen Sie gekauft haben, jemals wiedersehen werden (siehe Deutsche Telekom) und unter Umständen müssen Sie Monate, sogar Jahre warten, bis Sie Ihr Geld wiedersehen. Dass dies natürlich eine höchst uneffektive Art ist, sein Geld zu verwalten ist, braucht hier kaum erwähnt zu werden. Sie binden Kapital, das vielleicht in ein anderes oder besseres Investment platziert werden könnte. Das weiß unser unglücklicher Anleger natürlich auch, und das macht seinen Zweifel und seinen Schmerz umso größer.

Verkauft er, ist er seinen Schmerz los, aber auch sein Geld. Fallen die Kurse weiter, wird der Druck irgendwann unerträglich, und der Anleger schreitet zur Tat und verkauft. Da dies aber tausende so machen müssen, wächst der Verkaufsdruck auf den bereits fallenden Markt weiter. Außerdem zieht ein solches fallendes Messer auch Leerverkäufer an, die von dem Sturz geradezu profitieren. Auch dies verstärkt den Verkaufsdruck und die Kurse stürzen ins (scheinbar) Bodenlose.

Wenn der Markt schließlich sein Tief gefunden hat, bedeutet das aber noch lange nicht, dass alle, die zu höheren Preisen gekauft haben, nun aus dem Markt sind. Einige Hartgesottenen haben durchgehalten und hoffen auf einen Comeback. Zwar sitzen sie auf großen Verlusten, aber Sie hoffen darauf, dass das Tief erreicht wurde und dass es ab jetzt wieder aufwärts gehen wird. In einigen Fällen passiert dies auch. Und man nennt dies dann eine V-Formation, weil die Kurse nach dem Sturz gleich wieder anziehen und eine Art V im Chart bilden.

In den meisten Fällen passiert dies aber nicht, und der Markt geht in einen schleichenden und langsamen Bodenbildungsprozess über, der wie bereits gesagt Monate, mitunter Jahre dauern kann. Da verliert dann irgendwann auch der allergeduldigste Anleger den Mut und er verkauft (am Boden!). Das ist der Grund, weshalb eine solche Bodenbildung auch volatil und strukturlos abzulaufen scheint. Jeder, der noch irgendwelche Stücke besitzt, wird durch diesen zermürbenden Prozess irgendwann gezwungen, zu verkaufen. Deswegen kommt immer wieder Verkaufsdruck auf, sobald der Markt nur kurz den Kopf erhebt. Und deswegen sagt man auch an der Börse: **der Schmerz muss aus dem Markt**. Alle, die noch Schmerzen haben (auf Verlusten sitzen) müssen erst raus.

Oft ist auch die Nachrichtenlage katastrophal, und kein Mensch will einen solchen Markt auch nur mit der Zange anrühren. Aber sobald die Schmerzen (die Verlierer) draußen sind, gibt es eigentlich keinen Grund mehr zu verkaufen. Das ist der Augenblick, an dem ich mich für einen Markt zu interessieren beginne. Erst, wenn der Schmerz raus ist, kann ein Markt wieder anfangen zu steigen. Um dies zu illustrieren, wollen wir uns einige Beispiele von Bodenbildungen anschauen.

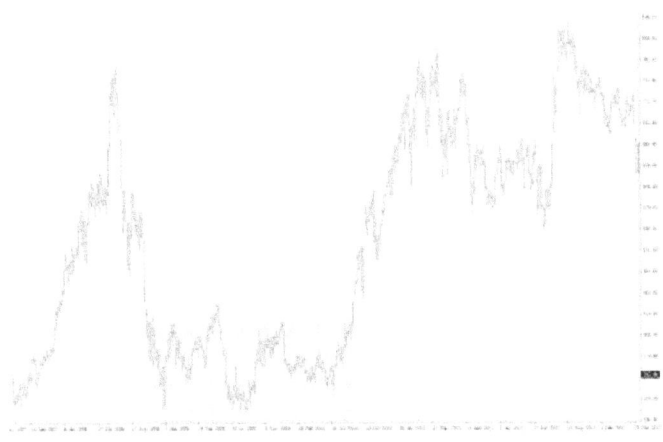

Bild 6: US Mais, Wochenchart 2007-2012

Das erste Beispiel zeigt den Wochenchart des amerikanischen **Mais-Futures**. Ich habe in diesem Fall den Wochenchart gewählt, weil er den Bodenbildungsprozess (im Rechteck) recht anschaulich zeigt. Ganz links im Chart sehen Sie wie der Preis für US Mais Ende 2007- Anfang 2008 von 350 Cent auf über 770 Cent gestiegen war, mehr als eine Verdopplung also. Nachdem der Mais-preis im Juni 2008 ein Hoch ausgebildet hatte, ging es rapide wieder in die andere Richtung. Innerhalb weniger Wochen wurde die ganze vorangegangene Bewegung zurückgenommen. Im Oktober 2008 erreichte Mais schließlich ein Tief, das etwas unter 300 Cent lag. Das gelbe Quadrat zeigt dann an, was dann passierte. Fast 2 Jahre lang ging der Mais-Preis in einer volatilen Bewegung seitwärts. Zwar gab es immer wieder Versuche, den Preis hochzutreiben, diese wurden aber immer wieder vereitelt.

Mais brauchte also 2 Jahre um den vorangegangenen Crash zu „verdauen". Interesse an Mais entstand dann wieder Mitte 2010, als der Preis erneut zu steigen anfing. Interessanterweise ging es erneut bis auf 770 oder etwas darüber. Man konnte hier also ruhig die Bodenbildung abwarten und dann kaufen. Nun weiß natürlich niemand, wann diese Bodenbildung beendet sein wird. Außerdem kann es natürlich auch tiefer gehen. Sie sollten dennoch am Boden versuchen zu kaufen. Ich selbst platziere sogar Limit-Orders an den tiefsten Kursen und sogar drunter, in der Hoffnung, dass eine Verkaufswelle, meine Order ausführt. Auf dieser Weise kann man sich unter

Umständen sehr günstig in einen Markt einkaufen. Wenn die Bodenbildung dann noch nicht zu Ende sein sollte, ist das Warten umso angenehmer, wenn schon etwas Gewinn da ist.

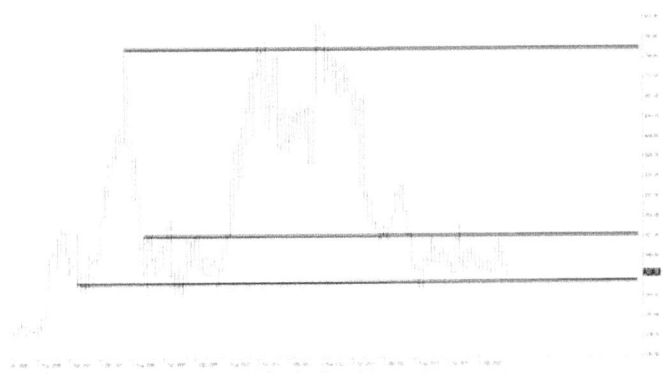

Bild 7: US Mais, Monatschart 2006-2016

Interessanterweise wiederholt sich das Szenario von 2008-2010 genau in dem Augenblick, in dem ich dieses Buch schreibe. Der Mais-Preis war inzwischen zwei Mal „oben" (obere horizontale Linie) und fiel dann im Laufe von 2013 zurück. Seit 2014 bildet er jetzt wieder einen Boden aus. Alle, die noch Kaufpositionen hatten, müssen erst raus, damit der Verkaufsdruck irgendwann aufhört. Zum Zeitpunkt des Screenshots befindet sich der Mais-preis sogar am unteren Ende der Kauf-Zone (untere zwei Linien). Hier bin ich also Käufer.

Bild 8: Nikkei Index, Monatschart 2004-2016

Der japanische Nikkei-Index hat schwere Zeiten hinter sich. Auch dieser Index musste während der Finanzkrise 2008 Federn lassen. Der Index fiel von 18.300 Punkten auf 6995!

Ab da begann eine Seitwärtsphase die fast 4 Jahre dauerte (siehe gelbes Rechteck im Chart). Die Anleger mussten bis Anfang 2013 warten, bis der Nikkei wieder zu steigen anfing. Er erreichte im Juli 2015 schließlich ein Hoch bei 20.607. Ein gewaltiger Anstieg innerhalb von 15 Monaten.

Das Beispiel des Nikkei illustriert auch, dass, wenn ein Markt einmal in Bewegung kommt es relativ zügig nach oben gehen kann. Bodenbildungsformationen können unter Umständen Jahre dauern, weil sich die Fundamentaldaten nicht ändern. Ändert sich aber auf einmal die Wahrnehmung der internationalen Investoren-Gemeinde, dann kann es sich wirklich lohnen diesem Markt zu folgen.

8. Was heißt hier Tief?

Meine Methode besteht also darin auf Langzeitcharts zu schauen und dann zu kaufen, wenn ein Markt **ein signifikantes Tief** erreicht hat. Um das Wörtchen „signifikant" zu illustrieren, möchte ich hier ein Beispiel aus dem Monatschart des US-Amerikanischen Öl (WTI oder West Texas Intermediate) anführen.

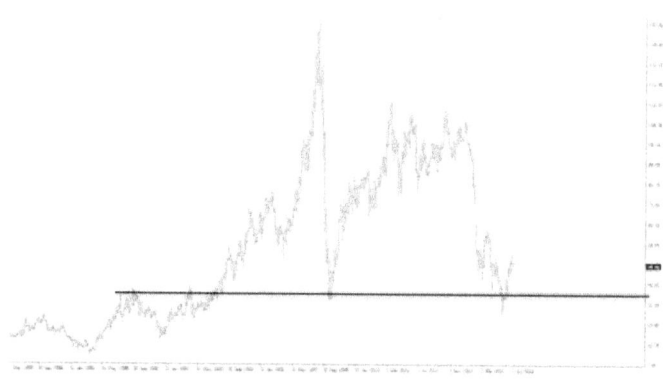

Bild 9: WTI, Monatschart 1994-2016

Dieser Chart zeigt die Preisentwicklung des US-Amerikanischen Öls der letzten 22 Jahre an. Das ist die Adler-Perspektive, die Sie auch annehmen sollten, wenn Sie investieren wollen. Es gab während dieser Zeit mehrere „Hochs" und „Tiefs". Natürlich ändert sich im Laufe der Zeit die Wahrnehmung für das was „tief" ist oder das was „hoch" ist. Die horizontale Linie, die ich im Chart gezeichnet habe, zeigt ein Preisniveau um ca. US$ 35, an dem sich der Ölpreis in den letzten 15 Jahren immer wieder gedreht hat. Besonders deutlich zu sehen ist der Absturz des Ölpreises von knapp US$ 150 bis auf US$ 32,40 in 2008, ein Crash ohnegleichen. Dieses „Tief" erwies sich denn tatsächlich als ausgezeichnete Kaufgelegenheit für Öl-Investoren. Interessanterweise wiederholte sich diese Chance Anfang 2016, als der Ölpreis erneut die Tiefe suchte. Diesmal ging es sogar bis auf US$ 27,70 hinunter, aber aus der Adler-Perspektive sehen wir, dass auch hier bald der Markt von willigen Käufern aufgefangen wurde. Beim Screenshot war der Ölpreis bis auf US$ 48 angestiegen. Wer also wieder um das 35-Level gekauft hatte, saß bereits auf guten Gewinnen.

Wenn Sie aber etwas mehr nach links schauen, dann sehen Sie aber auch, dass der Ölpreis besagte Linie bei US$ 35 erst nicht überwinden konnte. Das war zwei Mal der Fall, im Jahr 2000 und im Jahr 2003. Damals war dieses Level aus der Perspektive der Anleger der neunziger Jahre ein klares „Hoch", als der Ölpreis viel „günstiger" war. Heute ist dieses Level also eine Kaufgelegenheit.

Dass Preise, vor allem in Aktienmärkten und Rohstoffmärkten, im Laufe der Jahre generell teurer werden, hat natürlich etwas mit Inflation zu tun, oder wenn Ihnen diese Theorie besser passt – mit dem Wertverfall des Dollars, in dem die meisten Rohstoffmärkte gepriesen sind.

Halten wir also fest: Ein Crash an der Börse ist also oft eine ausgezeichnete Kaufgelegenheit!

9. Wie steige ich nun ein?

Es ist geradezu eine größenwahnsinniger Gedanke zu glauben, dass, wenn Sie gerade gekauft haben, möglicherweise das Tief erwischt haben. In aller Regel haben Sie dies nicht. Sie müssen also davon ausgehen, dass es durchaus noch ein ganzes Stück tiefer gehen kann, bevor sich der Markt in die von Ihnen gewünschte Richtung bewegt. Anders gesagt: rechnen Sie damit, dass Ihre gerade gekaufte Position zunächst eine Weile unter Wasser stehen wird. Es kann nicht nur tiefer gehen, es kann auch sein, dass sich der Markt erstmal gar nicht bewegt und seine Bodenbildung fortsetzt. Deswegen ist auch Geduld verlangt. Um dies zu illustrieren, möchte ich nochmal einen Blick werfen auf den Wochenchart des japanischen Yen.

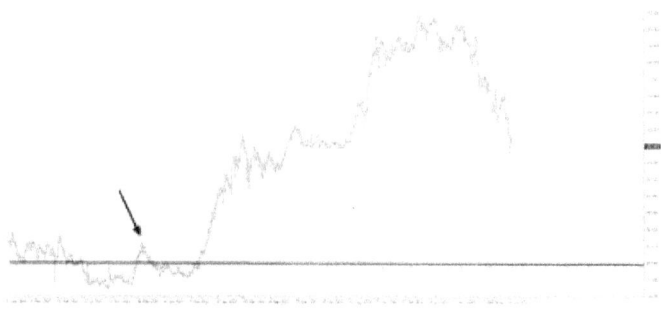

Bild 10: USD/JPY, Wochenchart, 2010-2016

Im Wochenchart des USD/JPY sehen wir, wie sich um die signifikante Marke von ca. 80 Yen (Tief von April 1994) in 2010 einen Boden ausgebildet hatte. Investoren, die hier eingestiegen waren, freuten sich zunächst als Anfang 2012 die Kurse tatsächlich zu steigen begannen (siehe Pfeil im Chart). Die Freude währte allerdings nur kurz, denn das Währungspaar sackte erneut ab und setzte während fast dem Rest des Jahres die Bodenbildung fort. Erst ab Oktober 2012 machte das Paar einen erneuten Versuch, der diesmal gelang. Der anschließende Anstieg hat sich für alle Investierte gelohnt, im Übrigen auch für den bekannten Investor George Soros, der nachweislich in diesem

Trade investiert war. Auch er hatte den Boden bei ca. 80 gekauft, und musste ebenfalls monatelang warten bis sich sein Investment auszahlte. Er verkaufte dann bei 90-92, ein Gewinn von gut 1000 Pips, was ihm etwa eine Milliarde US$ einbrachte.

Nun habe ich bislang immer Beispiele gezeigt von Märkten, die einen klar erkennbaren Boden ausgebildet hatten, von dem aus ein Anstieg begann. Dass dies nicht immer der Fall ist, und wie man als Anleger darauf reagieren soll, zeigt das folgende Beispiel.

Bild 11: Heizöl, Monatschart 2007-2016

Analog zu dem Ölmarkt kannte der US Heizöl-Future in 2007 einen fulminanten Anstieg, der von einem ebensolchen Crash in 2008 abgelöst wurde (links im Chart). Das Tief von 2008 lag bei etwa 1500 (horizontale Linie). Dies wurde dann der Referenzpunkt, nachdem Heizöl ausgehend von diesem Tief wieder bis auf 3000 gestiegen war. Dieses Tief wurde 2015 erneut erreicht. Im Laufe dieses Jahres konnte man also von einer Bodenbildung ausgehen. Allerdings ging es dann 2016 nochmals 500 Punkte tiefer, und die Marke von 1000 wurde angesteuert. Dies ist immerhin ein zusätzlicher Rücksetzer von über 33 %.

Hätte ein Anleger Heizöl zu einem Preis von 1500 gekauft, dann bot sich ihm jetzt die Gelegenheit, diesen Markt zu einem noch viel niedrigen Preis zu kaufen. Dadurch verbilligt sich sein Einstandspreis von 1500 auf 1250 (1500 + 1000 / 2). Das bedeutet, dass sobald der Markt wieder über 1250 steigt, der Anleger im Gewinn ist.

Sollte der Anleger nun eine weitere Position kaufen, sollte Heizöl auf 500 fallen? Meine Antwort hierauf lautet klar: ja! Denn dann würde der Einstandspreis auf 1000 hinuntergehen, und er hätte eine noch größere Position zu möglicherweise historischen Tiefs. Viel tiefer kann es nicht mehr gehen, denn wir haben es hier nicht mit einer Aktie sondern mit einem Markt zu tun. Märkte fallen nicht bis auf 0.

Diese Technik wird deswegen auch **Verbilligen** genannt oder **Averaging Down** im Amerikanischen. Sie hat Vor- und Nachteile wie jede Investment-Strategie.

Vorteile des Averaging Down

- Sie haben einen klaren Investment-Plan. Dies nimmt Ihnen die Angst, wenn der Markt vorübergehend gegen Sie läuft. Kaufen Sie zu, wenn der Markt tiefer fällt, bekommen Sie sogar einen günstigeren Einstieg und eine größere Position.

- Es erspart Sie das mühsame Timing, das ohnehin fast unmöglich ist. Niemand kann das Tief eines Marktes vorhersagen, also warum es versuchen?

- Nachkaufen oder verbilligen einer bestehenden Position kann gerade dann ein sehr lukrative Strategie sein, wenn sich die Fundamentaldaten eines Marktes verbessert haben, und der Kurs dies noch nicht eskomptiert hat.

Nachteile des Averaging Down

- Theoretischer Totalverlust. Kurs kann auf fast 0 fallen.

Wenn man sich die Argumente der Kritiker dieser Investment-Strategie anschaut (und ich nehme sie sehr ernst!), fällt einem auf, dass diese immer Beispiele bringen von Aktien, die tatsächlich auf 0 gefallen sind. Und sie müssen noch nicht mal auf 0 gefallen sein. Nehmen wir als Beispiel nochmal die Aktie der Deutschen Telekom.

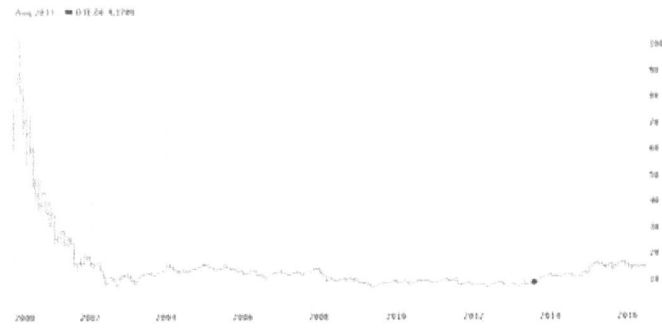

Bild 12: Deutsche Telekom, 2000 – 2016

Diese Aktie ist im deutschen Aktienmarkt sicher das prominenteste Beispiel für ein Investment, dass beim Verbilligen nur Verluste gebracht hat. Auch ein „Aussitzen" der Verluste, hat, wie der Chart anschaulich zeigt, auch nach 15 Jahren nichts erbracht. Das Papier dümpelt seit über 15 Jahren um die 10-15 Euro herum. Als einziges Trostpflaster wären natürlich Dividenden angefallen. Wer hier zu Kursen von 60 Euro, 40 Euro, 30 Euro, usw.. „verbilligt" hätte, hätte klar das Nachsehen. Dies ist natürlich unstrittig.

Mein Argument lautet aber: Kurse von 60, 40 oder auch 30 Euro waren sicher keinen Boden. Die jetzige Kurse sind es (14,61 Euro, Juli 2016). Dies zeigt uns der Chart. Ich wäre also keineswegs zu den oben genannten Preisen eingestiegen. Ein einfacher Blick auf den Chart hätte mir dies gezeigt. Anleger, die aber nach meiner Methode in 2002, als sich ein Bodenbildung um die 10-Euro-Marke ausgebildet hatte, eingestiegen waren, konnten Anfang 2004 zu Kursen von 16 Euro einen Gewinn von 60% realisieren. So viel zum Thema Deutsche Telekom.

Mein zweites Argument gegen die Kritiker des Verbilligens kennen Sie bereits: ich kaufe ohnehin keine Aktien. Und zwar genau aus den Gründen, die das Beispiel Deutsche Telekom anschaulich zeigt. Aktien sind Wertpapiere, denen immer ein einzelnes Unternehmen zu Grunde liegt. Mein angespartes Geld ist mir ehrlich gesagt zu schade, um es dem Management eines einzelnen Unternehmens anzuvertrauen. Deswegen favorisiere ich bei meinen

Investments generelle Märkte. Generelle Märkte gehen nicht Pleite, Unternehmen schon. Oder deren Aktien entpuppen sich jahrzehntelang als Rohrkrepierer, wie eben die Aktie der Deutschen Telekom.

Meine Kritiker werden aber einwenden, dass es durchaus Märkte gibt, die nie einen Boden ausbilden und über Jahre unendlich weiter fallen. In diesem Fall würde ich über Jahre hinaus meine Verlust-Position durch Verbilligen weiter ausbauen. Dieses Argument nehme ich genauso ernst, und ich zeige Ihnen sogar ein aktuelles Beispiel.

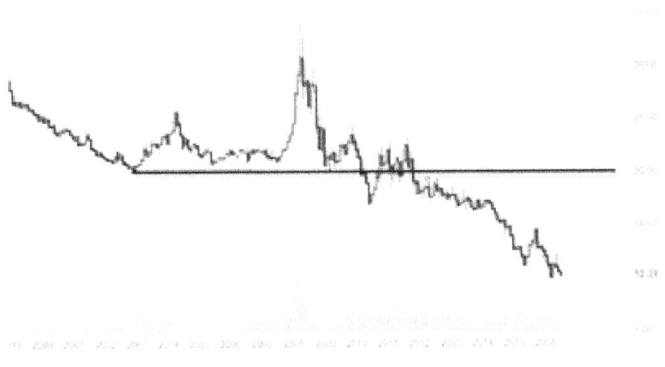

Bild 13: Reis-Future, 2000-2016

Schauen Sie sich den Chart des Reis-Futures der letzten 16 Jahre an. Wie klar zu sehen, hat es auch beim Reis einen Bullenmarkt in 2007 gegeben, der dann 2008 wieder vollständig abverkauft wurde. Der Future-Kontrakt ging von 21 bis auf 34 und wieder zurück auf 20. Hier fand der Future in den Jahren 2009 bis 2011 einen Boden (horizontale Linie). Nach meiner Methode wäre es also durchaus denkbar gewesen in 2011 Reis zu einem Preis von US$ 10 zu kaufen, als sich eine klare Bodenbildung vollzog. Wie unschwer zu erkennen, wäre ich mit diesem Investment nicht sehr glücklich geworden. Statt zu steigen gab es einen schleichenden Verfall, und erst 2014 erreichte Reis einen Preis von US$ 15. Nach meiner Methode hätte man hier eine zweite Position kaufen und somit den durchschnittlichen Einstandspreis auf US$ 17,5 verbilligen können. Damit nicht genug. Anfang 2016 fiel der Markt schließlich auf US$ 10. Hätte ich hier eine dritte Position gekauft, läge mein durchschnittlicher Einstand nun bei US$ 15. Wer aber genau hinschaut, sieht, dass der Future zum Zeitpunkt des Screenshots (Juli 2016) überhaupt keine Anstalten macht zu steigen. Im Gegenteil. Es sind also durchaus noch weiter tiefere Preise unter US$ 10 denkbar. Und es ist in diesem Fall keineswegs gewiss, ob sich der Preis für Reis in den nächsten Jahren erholen wird.

Hätte ich 2011 also in Reis investiert, hätte ich mit meiner Methode anno 2016 ein ernstes Problem. Soweit kann ich das Argument meiner Kritiker durchaus folgen. Ich hätte eine Position in einem Markt, der stetig weiter fällt und hätte schon zwei Mal erfolglos nachgekauft. Außerdem wäre ich bereits über fünf Jahre in diesem Markt ohne Ertrag investiert.

Gerade das Argument der Zeit greife ich auf um **eine zusätzliche Zeitkomponente in meiner Strategie einzubauen**. Ich halte eben keine Verlustpositionen über 5 Jahre. Dies ist ökonomisch völlig unsinnig, selbst wenn sich Reis irgendwann wieder erholen wird und über meinen durchschnittlichen

Einstandspreis von US$ 15 steigen würde. Es macht einfach keinen Sinn, einer Position fünf Jahre lang treu zu bleiben, die keine Aussicht auf Gewinn hat. Wenn eine Position nach einem Jahr immer noch nicht im Gewinn steht, verkaufe ich in der Regel die Hälfte mit Verlust oder steige ganz aus, wenn der Chart keinerlei Indikation auf eine Erholung zeigt. Ich bin durchaus ein geduldiger Anleger, aber ich bin kein Masochist. Wenn es nicht läuft, oder wenn ich einfach im falschen Markt investiert bin, dann muss ich eben irgendwann die Konsequenz ziehen. Ich habe auch überhaupt kein Problem damit hin und wieder einen Verlust von 20 oder 30 % zu akzeptieren, wenn ich mit meinen anderen Investments oft 100 % oder mehr machen kann. Ich hoffe, Sie sehen das ein.

10. Und wie steige ich aus?

Ich möchte hiermit nochmal an das Kapitel 6 „Günstig – teuer" erinnern. Generelle Märkte habe oft historische Levels, die als „niedrig" oder „günstig" eingeschätzt werden und andere, die man historisch als „hoch" oder „teuer" betrachten kann. Als historisch betrachte ich Zeitperioden von mindestens 5 Jahre bis hin zu 15 Jahren. Ältere Kurscharts können zum Vergleich auch herangezogen werden, aber hier ist zu bedenken, dass sich der Inflations-Effekt langfristig auf die Kurse niederschlägt, vor allem bei den Aktienindizes und den Rohstoffen. Bei Währungen spielt dies weniger eine Rolle, weil hier verschiedene Währungen gegeneinander in Verhältnis gesetzt werden wie zum Beispiel das Britische Pfund und den US-Dollar. Hier werden zum Beispiel seit über 20 Jahren Kurse von 1,30 -1,40 als „günstig" eingestuft, während ein GBP/USD-Kurs von über 2,0 als „teuer" gesehen wird.

Dies sind lediglich Anhaltspunkte, die man aus dem Studium von Langzeit-Charts finden kann. Es muss dem Anleger klar sein, dass ein Markt jederzeit in eine Übertreibung übergehen kann, die Kurse ermöglichen, die weit über das bisher Vorstellbare hinausgehen. Nach dem sogenannten Brexit-Referendum in Großbritannien fiel das Pfund zum ersten Mal seit über 20 Jahren unter dem 1,30-Level. Es gibt Analysten, die sich durchaus die Parität (1,00) beim Pfund vorstellen können. Warum nicht.

Um Märkte effektiv handeln zu können, brauchen Sie aber Anhaltspunkte, die Ihnen eine Idee geben, wo es eventuell hingehen könnte. Deswegen ein weiteres Beispiel.

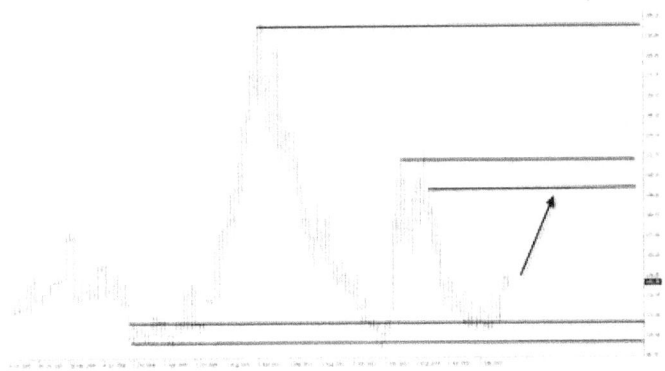

Bild 14: US Kaffee-Future, Monatschart 2007-2016

Ich habe die Kauf- und Verkaufslevels hier als Zonen, die sich zwischen zwei horizontale Linien bewegen im Chart eingezeichnet. Die unteren zwei Linien repräsentieren die „Kauf-Zone", die sich beim Kaffee historisch zwischen ca. 100 und 120 bewegt. Hier bin ich also Käufer. Sie sehen, dass sich der Kaffeepreis in 2015 erneut in die Kauf-Zone bewegte um dann nach einigen Monaten wieder zu steigen (Stand Juli 2016). Man konnte in diesem Fall zwischen 110 und 120 kaufen und hätte beim aktuellen Kurs von 142 schon einen ordentlichen Gewinn. Erstes

Kursziel dieses Trades wären die Hochs von 2013-2014 zu einem Preis von 200-220, also gut 100 Punkte höher (mittlere horizontale Linien). In dem Fall hätte sich der Kaffeepreis verdoppelt. Hier wäre ich Verkäufer. Würde der Kaffeepreis tatsächlich in die Verkaufszone eindringen, hätte ich allein schon mit dem Markt selbst 100 % realisiert. Dies ist natürlich unabhängig davon, ob ich mit einem gehebelten Instrument gehandelt hätte oder nicht.

Wie Sie aber sehen können gibt es aber historisch auch noch einen viel höheren Kaffeepreis (obere horizontale Linie). Hier sind wir bei den Hochs von 2011 angekommen, die tatsächlich nochmal 100 Punkte höher lagen, bei 300-310. Selbstverständlich könnte auch diese Zone erreicht werden, und es kann auch durchaus höher, sollte zum Beispiel eine Knappheit am Kaffeemarkt entstehen. Das erste Kursziel ist also mein realistisches Kursziel, während ich natürlich immer auf das zweite, viel höhere Kursziel hoffe.

Wie weiß ich nun, ob ich meine Position behalten muss, wenn der Kurs das erste Ziel erreicht hat? Um diese Frage zu beantworten, bitte ich Sie einen Blick auf den Langzeitchart des Kanadischen Dollars zu werfen.

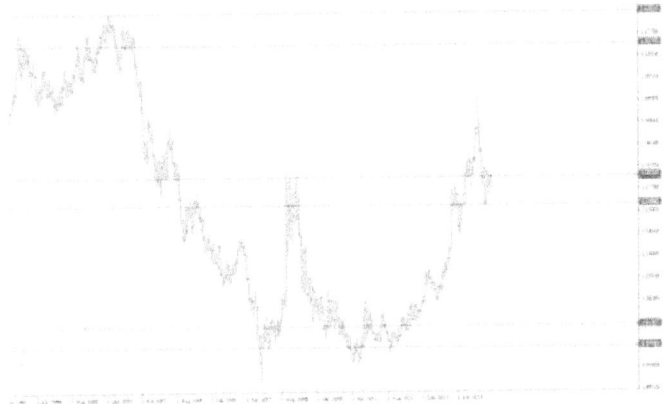

Bild 15: USD/CAD, Monatschart, 1999-2016

Wie Sie sehen habe ich auch im USD/CAD wieder eine Kauf-Zone ausgemacht (untere zwei Linien) und zwei möglichen Verkaufszonen. Die Kauf-Zone liegt historisch in etwa im Bereich 0,97 – 1,015, also in etwa um die Parität. Hier zahlen US-Amerikaner und Kanadier in etwa den gleichen Preis für ihre jeweilige Währung, nämlich 1 Dollar.

Dies war in der Periode 2009-2012 der Fall. Seitdem hat sich aber der US Dollar deutlich verteuert, und ist mittlerweile auf bis über 1,30 gestiegen. Damit hat das Paar USD/CAD bereits meine erste Verkaufszone erreicht (horizontale Linien in der Mitte des Charts). Dies entsprich den Hochs von 2008, also zur Zeit der Finanzkrise, bei der es eine Flucht in den US Dollar gab.

Wie wir sehen können ist das Paar aber weit über das erste Kursziel hinausgeschossen und erreichte inzwischen einen Preis von knapp 1,47. Inzwischen ist es aber zurückgekommen und stabilisiert sich jetzt (Juli 2016) am oberen Ende der ersten Verkaufszone. In diesem Fall hätte ich eine erste Hälfte meiner Position verkauft. Da sich die Kurse in der ersten Verkaufszone gut halten, behalte ich die restliche Position und warte ab. Ich kann mir durchaus noch höhere Kurse vorstellen und wer weiß, wird sogar das zweite Kursziel erreicht. Dies wären dann die Zone 1,55-1,62 oder die Hochs von 2001-2002. Aus heutiger Sicht (Juli 2016) ist dies durchaus denkbar.

Wenn meine Position mein erstes Kursziel erreicht, verkaufe ich in aller Regel einen Teil, meist 1/3 oder ½. Ich beobachte dann das Geschehen am ersten Kursziel. Marschiert der Markt gleich über das erste Kursziel hinaus, wie dies im Beispiel der USD/CAD der Fall war, behalte ich natürlich die andere Hälfte der Position. Allerdings fiel das Paar zurück in die erste Verkaufszone, weswegen ich ein weiteres 25% der Position verkauft habe. Alles was jetzt noch kommt ist Bonus. In der Regel verkaufe ich dann den Rest meiner Position sobald das zweite Kursziel erreicht wurde, aber es gibt auch Ausnahmen, darüber später mehr.

Kritiker dieser Ausstiegs-Methode könnten einwenden, dass ich auf dieser Weise suboptimal handele, denn ich behalte nicht die ganze Position, bis der Markt ganz oben steht. Die Frage ist natürlich, woher ich wissen kann, dass auch mein zweites Kursziel erreicht wird. Ich weiß es natürlich nie im Voraus. Deswegen verkaufe ich fürsorglich einen Teil der Position, meistens 50%.

Außerdem ist es wichtig, sich selbst für die Geduld zu belohnen, die man aufgebracht hat. Immerhin war man schon seit zwei Jahren im Markt. Es ist wichtig, ab und zu Kasse zu machen. Vergessen Sie das nicht!

Lässt sich im Chart nur ein Kursziel ausmachen, verkaufe ich den ersten Teil hier und warte dann meistens ab, wie sich der Markt weiter entwickelt. Zeigt er Schwäche, behalte ich den zweiten Teil meiner Position meist nicht sehr lange. Da ich aber mit Monatscharts handele, habe ich meist einige Wochen Zeit darüber nachzudenken.

Manchmal liege ich mit meiner Einschätzung richtig und manchmal eben nicht. Es passiert selbstverständlich, dass ich meine ganze Position verkauft habe um dann ein wenig später feststellen zu müssen, dass der Markt trotzdem weiter nach oben läuft. Natürlich ärgere ich mich dann. Die Frage, die sich dann aufdrängt lautet: warum kaufen Sie dann nicht einfach Ihre Position zurück? Das können Sie doch jederzeit.

Sicher kann ich dies, ich tue es aber trotzdem nicht. Der Grund ist einfach: **ich kaufe in der Kauf-Zone und nicht in der Verkaufszone**. Anders gesagt: ich kaufe, wenn die Kurse niedrig sind und verkaufe, wenn sie hoch sind. Das ist meine Maxime an der Börse. Sie entspricht dem minimalistischen Lebensstil, der die Dinge so einfach wie möglich halten möchte. Dies scheint so selbstverständlich, aber Sie würden sich wundern wie wenig Anleger sich an dieser einfachen aber effektiven Maxime halten. Dieser Grundsatz sollte Ihnen in Fleisch und Blut übergehen, wenn Sie jemals Erfolg an der Börse haben wollen. Solange Sie noch da kaufen, wo Sie eigentlich verkaufen sollten, haben Sie dieses Prinzip noch nicht verstanden. Ich habe es bereits am Anfang dieses Buches gesagt: die Börse funktioniert nichts anders als jeder anderer ökonomischer Markt sonst. Sie müssen etwas günstig erwerben um es an einem anderen Ort teurer zu verkaufen. Können Sie das, müssen Sie Geld verdienen.

Habe ich beim ersten Kursziel aus irgendeinem Grund meine ganze Position verkauft, und die Kurse steigen dennoch weiter, renne ich ihnen also nicht hinterher. Der Zug ist abgefahren, ich habe meinen Teil bekommen und gut ist. Ich hoffe, Sie sehen dies ein, denn es ist ebenfalls eine wichtige Grundregel beim Investieren, dass Sie Ihre Gier in Schach halten sollten. Kaufen Sie also immer in der Kauf-Zone, und nie in der Verkaufszone. Wenn Sie dieses einfache Prinzip beherzigen, werden Sie früh oder spät Erfolg haben.

11. Mit welchen Instrumenten handele ich?

Als Anleger mit Muße möchte ich natürlich nur mit *einem* Finanzinstrument handeln und nicht mit zehn verschiedenen. Da ich mittel- bis langfristig investiere (oft mehrere Jahre) ist es ebenfalls wichtig, dass ich mit Instrumenten handele, die es in 3,4 oder 5 Jahren immer noch gibt und die so wenig wie möglich Gebühren oder Kommissionen kosten. Ich habe im Laufe meines Spekulanten-Lebens mit so ziemlich alles gehandelt, was der Markt hergibt, von Aktien, über Optionen und Futures, Optionsscheinen, Zertifikaten und Währungen. Die effektivsten und für meine Strategie kostengünstigsten Finanzinstrumente, die ich bislang gefunden habe sind ETFS.

ETF steht für Exchange-Traded Funds. Es sind, wie der Name es schon sagt, Fonds, die an der Börse tagtäglich gehandelt werden, ähnlich wie Aktien. Sie können einen solchen

Fonds zu einer sehr günstigen Gebühr jederzeit kaufen oder verkaufen. Im Gegensatz zu den nicht-börsennotierten Fonds weisen sich ETFs durch erhebliche Kostenvorteile aus. Der übliche Ausgabeaufschlag entfällt hier, sie müssen aber eine jährliche Verwaltungsgebühr von 0,5 % einkalkulieren. Dies ist für mich zu verschmerzen, weil ich in der Regel auf Gewinne von mindestens 100% aus bin. Weitere Kosten entstehen nicht, egal wie lange sie diesen Fonds in Ihrem Depot behalten.

ETFs sind also sehr effektive Finanzinstrumente, die die Kursentwicklung eines Index oder eines Marktes ziemlich genau abbilden. Wenn ich zum Beispiel in den DAX investieren möchte, kann ich den „DAX" selber nicht kaufen, denn dieser ist lediglich ein mathematisch berechneter Index, der die Kursentwicklung der dreißig größten deutschen Unternehmen widerspiegelt. Sie brauchen also ein Instrument, das den Kursverlauf des DAX möglichst exakt nachbildet. Genau dies ist die Aufgabe der Manager eines ETF auf den Dax. Diese müssen genau so viele Aktien aus dem DAX kaufen und verkaufen, damit dies geschieht. Der sogenannte „Tracking Error" halten sie möglichst klein und Ungleichgewichte am Markt werden durch Arbitragegeschäfte ausgeglichen.

Bei sogenannten **Performance-Indizes** wie der DAX werden überdies die Dividenden der Unternehmen, in die investiert wird, reinvestiert. Bei **Kursindizes** werden die Dividenden an die Anteilsinhaber ausgezahlt.

Im Gegensatz zu einem Zertifikat, das rechtlich gesprochen eine Schuldverschreibung ist, **sind ETFs ein Sondervermögen.** Sie sind also vollständig vom Vermögen der Verwaltungsgesellschaft getrennt. Sollte also ein Fonds Insolvenz anmelden, sind Sie als Anleger nicht betroffen. Das sogenannte Emittentenrisiko gibt es hier nicht.

Der Kauf eines ETFs ist eine denkbar simple Sache. Es ist im Grunde das Gleiche wie der Kauf einer Aktie. Ich möchte dies illustrieren anhand einiger Beispiele.

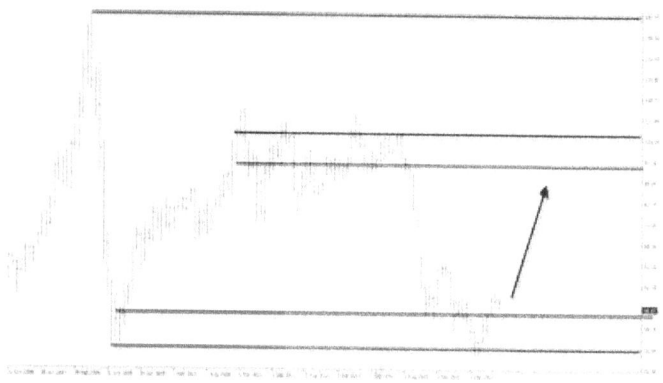

Bild 16: WTI, Monatschart, 2006-2016

Im Monatschart der amerikanischen Ölsorte WTI sehen wir, dass der Ölpreis 2016 in die Kauf-Zone eingedrungen war und sie sogar leicht unterschritten hatte. Diese Zone liegt in etwa zwischen US$ 30 und 40. Das sind historische Kaufkurse. Würde WTI noch weiter fallen Richtung US$ 20 würde ich meine Position weiter aufstocken. Zum Zeitpunkt des Screenshots war WTI bereits wieder auf US$ 45 gestiegen. Meine Position lag also gut im Gewinn. Kursziel ist die erste Verkaufszone (97-104 US$, horizontale Linien in der Mitte des Charts). Ob das zweite Kursziel (US$ 147, Linie oben) erreicht wird, scheint aus heutiger Sicht noch recht unwahrscheinlich, aber man sollte es nicht ausschließen.

Um WTI handeln zu können, habe ich einen der bekanntesten ETFs auf WTI, nämlich **USO** gekauft. USO steht einfach für US Oil. Gekauft habe ich bei einem Preis von US$ 9,00. Aktuell steht USO bei 11,19 (Juli 2016). Mein Kursziel am Primärmarkt liegt bei etwa US$ 100. Bei USO waren dies Preise von US $ 30 bis 40. Eine Verdreifachung wäre in dem Fall durchaus denkbar.

Ein zweites Beispiel für den aktuellen Markt ist ein laufender Trade auf den Kaffee-Future.

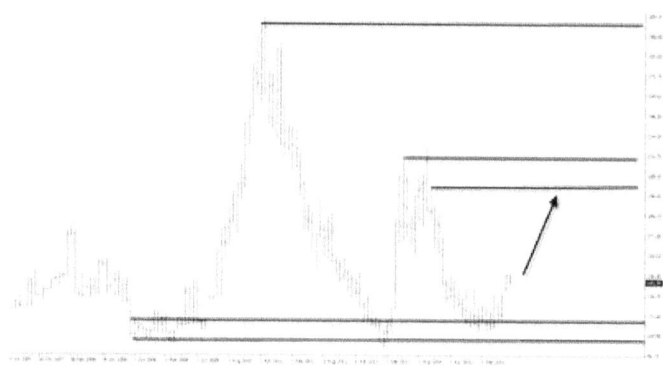

Bild 17: US-Coffee, Monatschart 2007-2016

Um in den US-Kaffee-Markt zu investieren habe ich mich für den ETF „JO" entschieden. Hier habe ich gekauft zu einem Preis von US$ 20. Aktuell steht JO auf 22,32. Hier hoffe ich zumindest das Erreichen des ersten Kursziels, was in etwa die Hochs von 2014 entsprechen würde. Bei JO war das in etwa US$ 40.

12. Sollte ich gehebelte ETFs in Betracht ziehen?

Die meisten ETFs steigen (oder fallen) proportional zu den Märkten, auf die sie sich beziehen. Am besten kann man dies an den bekannten Index-ETFs wie zum Beispiel SPDR studieren, den bekanntesten ETF auf den SP500-Index. Steigt der Index um 10 Punkte von 2100 auf 2120, dann steigt auch der ETF mit 10 Punkten in Wert. Beim SPDR geht es dann eben von 210 bis auf 212. Genau das Gleiche geschieht bei fallenden Märkten.

Für manche Anleger ist dies aber nicht genug. Sie greifen gern mal nach einem sogenannten leveraged ETF. Dies ist ein ETF mit einem Hebel. Aktuell gibt es ETFs mit einem Hebel von zwei und drei. Als Beispiel möge hier der **leveraged ETF (3X) TQQQ auf den Nasdaq100** stehen. Dreifacher Hebel bedeutet, dass wenn der Markt, auf den sich der ETF bezieht mit 10 % steigt, wird der ETF mit 30% steigen. In der Periode 2011 bis 2016 ist der Nasdaq100 von 2300 auf 4500 gestiegen, also fast eine Verdopplung. Der TQQQ hat diese Entwicklung mitvollzogen aber mit einem dreifachen Hebel. Wer also TQQQ 2011 zu einem Preis von US$ 10 gekauft hätte, konnte sich 2016 bereits über eine Verzehnfachung seines Einsatzes freuen. Allerdings muss es dem Anleger klar sein, dass sich, wenn es mal in die andere Richtung geht wie in 2015, die Gewinne schnell halbieren können.

Ein Hebel auf ein Finanzinstrument ist eben ein zweischneidiges Schwert. Wenn es gut geht, können Sie in der Tat fabelhafte Gewinne einstreichen wie beim ETF TQQQ auf den Nasdaq. Geht es schief, ist im schlimmsten Fall das Geld auch schnell weg. Im August 2015 verlor der Nasdaq100 über 15%. Der TQQQ-Fonds hat es überlebt, aber das ist nicht immer der Fall.

Anfängern sind leveraged ETFs auf gar keinem Fall zu empfehlen. Sie müssen Marktentwicklungen schon sehr gut einschätzen können um mit diesen

Instrumenten adäquat umzugehen. Dennoch sind Sie für den versierten Anleger durchaus eine Chance. Als Beispiel möge der Silbermarkt gelten.

Bild 18: Silber, Wochenchart Februar 2014- Juli 2016

Silber hat sich von den Tiefs von 2015 gut erholt. Damals musste man in etwa US$ 15 pro Unze zahlen. Jetzt (Juli 2016) sind es bereits über US$ 20.

Der dreifach gehebelte ETF auf den Silber-Preis **USLV** hat ebenfalls das Potenzial eines Tenbaggers. Wer das Tief kaufte von Ende

2015 bei US $ 10 kann sich jetzt (Juli 2016) mit US$ 28 schon fast auf eine Verdreifachung freuen. In 2013 mussten noch US$ 100 gezahlt werden. In 2012, als für den Silber-Preis noch um die 30 US$ gezahlt werden musste, lag der Kaufpreis von USLV über US$ 600!

Sie sehen, mit gehebelten ETFs können aus einem Einsatz von 10.000 Euro schnell mal 100.000 werden und sogar noch viel mehr. Es muss dem Anleger aber klar sein, dass er im Extremfall seinen Einsatz auch verlieren kann. Aber wie heißt es so schön „No risk, no fun!"

Man sollte solche Investments eben nur mit Geld eingehen, auf das man zur Not verzichten kann, wenn es schief geht. Ich selbst mache es gelegentlich und konnte tatsächlich hohe Gewinne einstreichen. Ich bin ich aber auch auf die Nase gefallen, wie es so schön heißt, aber das gehört zu einem Spekulanten-Leben dazu.

In der Regel wünsche ich mir eine Wertsteigerung von mindestens 100% bei meinen Investments, also eine Verdopplung meines Kapitals. So werde ich natürlich etwas langsamer reich, aber reich werde ich auch. Wer über die bescheidene Summe von 10.000 Euro Anlagekapital verfügt, braucht bekanntlich nur 7 Verdopplungen bis zur ersten Million. Sie glauben es nicht? Hier sind sie:

7 Schritte bis zur Million

Start: 10.000

Schritt 1: 10.000 x 2 = 20.000

Schritt 2: 20.000 x 2 = 40.000

Schritt 3: 40.000 x 2 = 80.000

Schritt 4: 80.000 x 2 = 160.000

Schritt 5: 160.000 x 2 = 320.000

Schritt 6: 320.000 x 2 = 640.000

Schritt 7: 640.000 x 2 = 1.280.000

Sie sehen, Sie müssen Ihren Einsatz lediglich siebenmal verdoppeln und schon gehören Sie zu dem illustren Club der Millionäre. Nun wird wohl niemand so irrsinnig sein sein gesamtes

Kapital von, sagen wir 160.000 Euro, in einem dreifach gehebelten ETF auf Silber zu investieren um so schnell wie möglich den nächsten Verdopplungsschritt zu schaffen, der ihm näher zum Club der Millionäre bringt. Das wäre in der Tat wie Harakiri. Aber das ist auch nicht nötig, denn der ETF USLV hat von sich aus schon das Potenzial einer Verzehnfachung und sogar mehr.

Deswegen sollten Sie es auch überlegt tun und einen klaren Plan haben. Das ist der Zweck dieses Buches. Sie müssen die potentiellen Trends finden, die ihnen diese sieben Schritte möglich machen. Aber investieren Sie nicht gleich alles in einem ETF. Geben Sie sich die Zeit, um Ihr Ziel auf einer vernünftigen Weise zu erreichen. Verfügen Sie zum Beispiel über 10.000 Euro, dann macht es durchaus Sinn, diese Summe auf 2 oder 3 ETFs zu verteilen. Manche Verdopplungen habe ich in weniger als 6 Monate geschafft, für andere hat es etwas länger gebraucht. Aber ETFs sind meiner Meinung nach ausgezeichnete Instrumente um dieses Ziel zu erreichen.

Verfügen Sie über weniger Kapital als 10.000 Euro, dann brauchen Sie eben ein paar Schritte mehr, das ist alles. Entscheidend ist, dass Sie über klare Investment-Regeln verfügen, die Sie natürlich immer einhalten sollten. Gottseidank investieren wir hier auf mittelfristige und langfristige Sicht. Sie haben also meist mehrere Wochen Zeit um über ein Investment nachzudenken und das ist gut so. Sie brauchen diese Zeit um einen klaren Kopf zu behalten und mit einer gewissen Distanz auf die Langfristcharts zu schauen.

Fühlen Sie sich bei einem ihren Investments nicht wohl oder nicht mehr wohl, dann sollten sie es überdenken. Sie können die Position schließen, oder die Möglichkeit existiert immer, einen Teil der Position zu verkaufen um somit das Risiko zu minimieren. Es gibt diesbezüglich mehrere Optionen. Entscheidend ist, dass Sie bei all Ihren Positionen das Gefühl haben, im richtigen Markt investiert zu sein. Und irgendwann sollte Mr. Market Ihnen dies auch mit Kursgewinnen quittieren.

13. Wie viele Positionen sollte ich gleichzeitig halten?

Über dieses Thema sind bereits ganze Bibliotheken geschrieben worden. Es gibt aber einige Grundregel, die Sie als Börsenminimalist beachten sollten, wenn Sie gleichzeitig mehrere Positionen halten. Hier sind sie:

1. **Märkte sind heute hochgradig korreliert**. Wenn Sie eine Position in Gold und in Weizen haben, sind Sie zwar in zwei völlig verschiedenen Märkten unterwegs, dennoch haben Sie eine Kaufposition in zwei Rohstoff-Märkte. Solange die Rohstoffmärkte als Vermögens-Klasse steigen, ist das kein Problem. Weht der Wind aber aus der anderen Richtung, kann es sein, dass Sie in beiden Märkten verlieren. Sie verdoppeln gleichsam Ihr Risiko, wenn sie zweimal im selben Sektor investiert sind.

2. **Vermeiden Sie breite Streuung** durch Engagements in allen Vermögens-Klassen. Das wird zwar von den Anhängern der Portfolio-Theorie propagiert, reich ist davon noch niemand geworden. <u>Reich werden Sie durch Konzentration, nicht durch Diversifikation</u>. Lieber 1 oder zwei gezielte Investments in starken Trends als 10 oder mehr Positionen in allen Märkten.

3. **Seien Sie wählerisch**. Verzichten Sie lieber auf eine Position, wenn nur der geringste Zweifel besteht, dass der Markt, in dem Sie investieren möchten nach einem Crash, einen klaren Boden ausgebildet hat. Es gibt zwar Ausnahmen, wie bei meinen Öl-Investments, aber besser ist es, sich die allerbesten Chancen auszusuchen.

4. **Halten sie es übersichtlich**. Wenn Sie sich zum Beispiel nur für einen Markt entscheiden, gehe ich davon aus, dass Sie eine starke Überzeugung haben, dass dieser Markt eine wirkliche Chance bietet. Wer 7 Positionen hält, hat im Grunde keine Überzeugung.

14. Sollte ich Leerverkäufe tätigen?

Sollten Sie auch Märkte leerverkaufen? Ich sage es ganz ehrlich: ich habe schon sehr viel Geld mit Leerverkäufen gemacht. Es ist aber nicht etwas, was man einem Anfänger ohne weiteres empfehlen kann. Wenn Sie schon über einige Jahre Erfahrung mit dieser Methode verfügen, können Sie es wagen, Sie sollten aber genau wissen, was Sie da tun.

Wie funktioniert nun ein Leerverkauf mit ETFs?

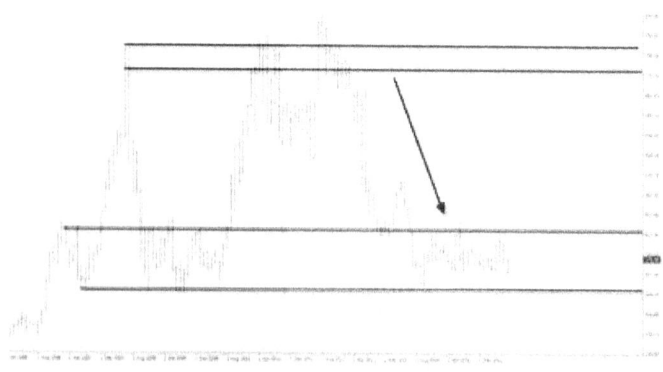

Bild 19: Mais-Future, Monatschart 2006-2016

Als Beispiel möge einen Short-Trade gelten, den ich mit einem ETF in Mais durchgeführt habe. Wie unschwer zu sehen war Mais Mitte 2012 wieder in die Verkaufszone vorgedrungen (obere zwei horizontale Linien). Mais versuchte einen Ausbruch über dieser Zone, der aber nicht gelang. Der Preis fiel in die obere Verkaufszone zurück und verharrte dort einige Monate. Ende 2012 gelangte ich schließlich zu der Überzeugung, dass der Maispreis seinen Zenit überschritten hatte und dass es wieder in die andere Richtung gehen würde, was dann auch tatsächlich geschah. Ende 2013 erreichte der Future den oberen Rand der Kauf Zone (untere zwei Linien). Verkauft habe ich schließlich Mitte 2014.

Diesen Trade führte ich mit einem Short ETF durch, in dem Fall SCOR.LS. Dieser ETF steigt also, wenn der Maispreis fällt und umgekehrt. Mein Kaufpreis Ende 2012 lag bei US$ 25. Verkauft habe ich Mitte 2014 bei US$ 42. Dieser Trade brachte also 68% Gewinn. Ich hatte eben einen gemäßigten ETF für diesen Trade gewählt, aber es gibt auch leveraged Short-ETFs, bei denen es natürlich auch schneller zur Sache geht.

Mit fallenden Kursen sind also durchaus hohe Gewinne zu erzielen. Wenn Sie auf fallende Kurse setzen, haben Sie sogar den Vorteil, dass es meist schneller geht als mit steigenden Kursen. Nach dem Crash im Ölmarkt von 2008, brauchte der Ölpreis über drei Jahre um sich davon teilweise zu erholen. Für den Crash selbst brauchte er lediglich 5 Monate.

Dieses Phänomen hat psychologische Gründe. Es braucht mitunter Jahre bis wieder Vertrauen in einem Markt entsteht, nachdem dieser abgestürzt ist. Wenn aber ein Markt plötzlich nicht mehr steigt und die ersten Anzeichen für einen Verfall werden sichtbar, wollen alle plötzlich durch die gleiche Tür aus dem Raum verschwinden. Es ist wie bei einem Feuer-Alarm. Dies verursacht oft panik-artige Überreaktionen, weswegen es bei einem Crash oft zu einer Übertreibung kommt. Darum ist ein Crash zugleich auch eine große Chance und bietet deswegen die Grundlage meiner Investment-Philosophie.

15. Sollte ich mich auch mit den Fundamentaldaten beschäftigen?

Natürlich können Sie sämtliche Öl-Reports, Markteinschätzungen von Analysten, die Positionierungen der Commercials an den Futures-Märkten, den kompletten Finanzteil der FAZ usw. lesen. Sie werden dabei eine Menge erfahren. Die Frage ist bloß, ob Sie dies brauchen. Schließlich wollen Sie mit einem Minimum an Aufwand ein Maximum an Ertrag erwirtschaften. Wenn Sie auf Ihren Langzeit-Charts beobachten, dass die amerikanischen Aktienmärkte seit 2009 steigen, ungeachtet der Meinung vieler Analysten, die dies seit Jahren für eine Übertreibung halten, was sagt Ihnen dies? Nichts weniger als dass diese Analysten falsch liegen und ihre Reports völlig überflüssig! Sie können jetzt die Zentrale Banken heranziehen, die bekanntlich weltweit Geld in den Markt pumpen und zum Teil selber Aktien kaufen. Sie können der Meinung sein, dass dies alles einfach Manipulation ist, und das ist es im Grunde auch.

Fakt ist aber, dass die Aktienmärkte seit 2009 über sieben Jahre gestiegen sind. Der Rest ist Meinung. Sie, als Anleger sollten die Fakten handeln und nicht die Meinung (weder Ihre noch die eines Analysten). Ich hoffe, dieses Buch konnte einen kleinen Beitrag zu dieser einfachen Einsicht bieten. Vergessen Sie nicht, Sie sind Börsenminimalist. Machen Sie es also nicht unnötig kompliziert.

Investieren ist mehr eine Kunst denn eine Wissenschaft. Und ganz ehrlich, es gehört auch eine Portion Glück dazu. Mein bestes Jahr bislang war das Jahr der Finanzkrise 2008. Hier habe ich meine größten Gewinne verbucht. Ich war voll in Gold und Silber investiert und konnte ein Mehrfaches meines Einsatzes realisieren. Die genaue Zahl werde ich Ihnen hier nicht nennen, weil Sie es nicht für möglich halten werden, was in extremen Situationen möglich ist an der Börse, wenn Sie richtig positioniert sind. In diesem Jahr konnte ich mein Wissen und meine Erfahrung richtig vergolden. Letztlich sehe das Leben eines Spekulanten so. Er muss eine Menge Erfahrung auftun und gelegentlich auch so manche Rücksetzer verdauen, bis er fit ist für die ganz große Chance. Gottseidank bietet die Börse immer wieder eine solche Chance an. Dies war für mich 2008. Ich erkannte rechtzeitig, dass die gesamte Weltwirtschaft auf Grund der Sub prime-Krise ins Trudeln geraten würde und dass Krisen-Assets wie Gold und Silber gefragt sein würden.

Ob sich dieses Szenario wiederholen wird ist schwer vorherzusagen. Folgen Sie einer Liste der repräsentativen Finanzmärkte werden Sie irgendwann anfangen, Zusammenhänge zu sehen, die Ihnen bisher nicht aufgefallen sind. **Ein guter Spekulant ist deshalb vorerst ein sehr genauer Beobachter**. Das ist das erste was Sie lernen müssen: Märkte zu folgen und zu beobachten. Wie reagieren bestimmte Märkte wenn die Zinsen auf 0 und sogar darunter gehen? Was passiert wenn der Dollar steigt, der Ölpreis in den Keller geht, Gold steigt?

Auf diese Zusammenhänge kommen Sie erst nach und nach, wenn Sie ein geduldiger und genauer Betrachter der Bewegungen am Finanzmarkt werden. Und irgendwann werden Sie Chancen entdecken. Irgendwann werden Sie erkennen, wann Sie einen Markt kaufen müssen und wann Sie es besser sein lassen. Und <u>Sie werden die ganz große Chance entdecken</u>. Ich nenne hier einige Beispiele der letzten Jahre:

- Die unglaubliche Kaufchance in den amerikanischen Aktienmärkte nach der Finanzkrise in 2009

- Gold und Silber während der Finanzkrise 2008

- Das Comeback des Dollars nach der Bodenbildung 2011- 2014

- Die Kaufchance nach dem Ölkrach in 2008 und 2016

- Der Boden im Dollar-Yen und im USD/CAD in 2012

- Die Rubel-Krise 2014-2015

Man kann mit Fug und Recht sagen, dass jedes Jahr an der Börse seine Krise und somit seine Chance mitbringt. Als aufmerksamer Zeitgenosse sollten Sie sich die Märkte aus einer Langzeit-Perspektive anschauen. Im Gegensatz zu Unternehmen machen Märkte nicht Pleite. Sie kommen immer wieder und überwinden sogar die schlimmsten Krisen. Auch der Rubel hat sich wieder beruhigt, wenn er auch kräftig hat Federn lassen müssen.

Bleiben Sie wachsam, aber kaufen Sie, wenn sich die Chance bietet. Und kaufen Sie vor allem dann, wenn etwas sehr billig ist. In der Regel bieten sich hier die größten Chancen. Aber vor allem vergessen Sie nicht zu verkaufen, wenn Ihr Ziel erreicht wird. Gier frisst bekanntlich Hirn.

16. Weniger ist mehr

Die kostbarste Ressource auf diesem Planeten ist nicht Geld, wie manche meinen, sondern Zeit. Auch als Anleger sollten Sie dies als ihre oberste Regel wählen, nach der Sie leben. Wenn Sie täglich fünf Stunden mit der Börse beschäftigt sind, machen Sie definitiv etwas falsch. Und meist kommt auch nicht mehr Gewinn dabei heraus. Ganz im Gegenteil.

Dieses Buch versucht, Sie davon zu überzeugen, dass gerade eine sehr geringe Beschäftigung mit der Börse, nämlich einmal im Monat, zu viel besseren Ergebnissen führt. Sie beginnen die großen Zusammenhänge, das Big Picture, zu sehen, und - im Ernst - hier ist auch das große Geld zu holen. Vergessen Sie also den tagtäglichen Börsen und Finanz-Zirkus und genießen Sie Ihr Leben, so viel wie Sie können. Sie haben es verdient!

Viel Erfolg wünscht Ihnen Harry Kaiser!

Glossar

Aktienindex: Kennzahl für die Kursentwicklung des Aktienmarktes insgesamt oder einzelner Aktiengruppen (zum Beispiel DAX).

Arbitrage: Ohne Risiko vorgenommene Ausnutzung von Kurs-, Zins- oder Preisunterschieden innerhalb eines bestimmten Zeitpunkts an verschiedenen Orten zum Zwecke der Gewinnmitnahme.

DAX: Deutsche Aktien Index

Daytrading: Daytrading beschreibt den kurzfristigen spekulativen Handel mit Wertpapieren. Hierbei werden Positionen innerhalb des gleichen Handelstages eröffnet und wieder geschlossen, mit dem Ziel bereits von geringen Kursschwankungen zu profitieren

Dividende: Die Dividende ist der Teil des Gewinns, den eine Aktiengesellschaft an ihre Aktionäre ausschüttet.

Dollar-Index: Der U.S. Dollar Index (USDX) ist eine Kennzahl, welche den Wert des US-Dollars mittels eines Währungskorbs aus sechs Währungen vergleicht.

Emittentenrisiko: Die Gefahr von Bonitätsverschlechterungen oder Ausfall eines Emittenten oder eines Referenzschuldners.

ETF: Ein Exchange-traded fund (ETF) (englisch für „börsengehandelter Fonds") ist ein Investmentfonds, der an einer Börse gehandelt wird.

Futures: Terminkontrakt. Standardisierter Vertrag über den Kauf oder Verkauf einer bestimmten Menge einer Ware, zu einem festgelegten Preis, an einem bestimmten Datum.

Kursindex: Beim Kursindex (auch Preisindex, englisch price index) wird der Indexstand ausschließlich auf Grund der Aktienkurse ermittelt und meist nur um Erträge aus Bezugsrechten und Sonderzahlungen bereinigt.

Leerverkauf: Trading-Position, bei der der Trader auf das Fallen eines Marktes setzt.

Parität: Gleichheit des Wertes zweier Währungen.

Performance-Index: Der Performanceindex (englisch total return index) wird so berechnet, als ob alle Dividenden und sonstigen Einnahmen aus dem Besitz der Aktien, wie etwa Bezugsrechtserlöse, wieder in die Aktien reinvestiert würden.

Portfolio-Theorie: Die Portfoliotheorie ist ein Teilgebiet der Kapitalmarkttheorie und untersucht das Investitionsverhalten an Kapitalmärkten.

Schuldverschreibung: Ein festverzinslicher Vermögenstitel (aus dem Angloamerikanischen stammend auch fixed income product genannt) ist ein schuldrechtlicher Anspruch auf Zahlung eines zeitabhängigen Entgelts (Zinszahlung).

Sondervermögen: Das Anlagekapital der Fondsanleger, das rechtlich vom Vermögen der Investmentgesellschaft getrennt ist.

S&P500-Index: Der S&P 500 (Standard & Poor's 500) ist ein Aktienindex, der die Aktien von 500 der größten börsennotierten US-amerikanischen Unternehmen umfasst.

Tracking-Error: Tracking Error (deutsch sinngemäß: Nachbildungsfehler) bezeichnet die ungewollte Abweichung zwischen einem Indexfonds oder einem Portfolio gegenüber seiner Benchmark über einen bestimmten Beobachtungszeitraum.

Umlaufrendite: Die Umlaufrendite (auch Sekundärmarktrendite) ist die durchschnittliche Rendite aller im Umlauf befindlichen, inländischen festverzinslichen Wertpapiere (Anleihen) erster Bonität mit einer Restlaufzeit von 3 bis 30 Jahren, also vor allem Staatsanleihen.

Hilfreiche Websites

Langzeitcharts: www.barchart.com

ETF-Suche: www.etf.com

ETF-Suche: http://etf.stock-encyclopedia.com/

Über den Autor

Harry Kaiser hat mehrere Unternehmen gegründet und ist als Investor aktiv. Er hat Bücher über Entrepreneurship und finanzielle Unabhängigkeit verfasst. Als Perpetual Traveler liebt er es fremde Länder zu bereisen.

www.ingramcontent.com/pod-product-compliance
Lightning Source LLC
Chambersburg PA
CBHW060357190526
45169CB00002B/638